稻盛和夫

母亲的教诲改变我的一生

[日]稻盛和夫 著 邓超 译

光明日报出版社

图书在版编目（CIP）数据

稻盛和夫：母亲的教诲改变我的一生 /（日）稻盛和夫著；邓超译 . -- 北京：光明日报出版社，2018.8（2023.9 重印）

ISBN 978-7-5194-4482-2

Ⅰ . ①稻… Ⅱ . ①稻… ②邓… Ⅲ . ①稻盛和夫（Kazuo, Inamori 1932-）—人生哲学 Ⅳ . ① K833.135.38 ② B821

中国版本图书馆 CIP 数据核字（2018）第 184505 号

版权登记号：01-2018-5986

稻盛和夫：母亲的教诲改变我的一生
DAOSHENG HEFU:MUQIN DE JIAOHUI GAIBIAN WODE YISHENG

著　　者：〔日〕稻盛和夫　　**译　　者**：邓　超

策　　划：双螺旋文化
责任编辑：杨　茹　　**责任校对**：傅泉泽
装帧设计：门乃婷工作室　　**责任印制**：曹　诤
特约编辑：唐　浒　申　海　杨中秋　　**特约技术编辑**：张雅琴　黄鲁西

出版发行：光明日报出版社
地　　址：北京市西城区永安路 106 号，100050
电　　话：010-63169890（咨询），63131930（邮购）
010-63497501，63370061（团购）
传　　真：010-63131930
网　　址：http://book.gmw.cn
邮　　箱：gmrbcbs@gmw.cn
法律顾问：北京市兰台律师事务所龚柳方律师

印　　刷：固安兰星球彩色印刷有限公司
装　　订：固安兰星球彩色印刷有限公司
本书如有破损、缺页、装订错误，请与本社联系调换，电话：010-63131930

开　　本：128mm×185mm
字　　数：90 千字　　**印　　张**：6.5
版　　次：2018 年 10 月第 1 版　　**印　　次**：2023 年 9 月第 5 次印刷
书　　号：ISBN 978-7-5194-4482-2

定　　价：58.00 元

目 录

第叁章
“正确做人法则”之基础

第肆章
京都大和之家

第伍章
应当教会孩子们的事

爱的哲学

稻盛和夫（北京）管理顾问有限公司董事长　曹岫云

稻盛哲学用一个字来表达就是“爱”。那么，稻盛的爱的哲学是从哪里来的呢？

在本书中，稻盛满怀深情，娓娓道来，细致地描绘了父母，特别是母亲的爱。

小学五年级，冬日傍晚，稻盛在冰冷的地板上正襟危坐，长时间聆听校长教条式地朗读《赤穗义臣传》，熬到夜里10点，欲哭无泪，拖着冻得半僵了的身子回家，这时候“母亲每次都在门口等着我，一边说着：‘回来啦，快进屋！’一边微笑着来接我。一回到家，母亲为了让我冻僵的双脚恢复知觉，都会端出提前烧好的温度正合适的洗脚水，让我的脚舒舒服服地浸泡在其中”。

接着，满满一碗甜甜的小豆粥端到稻盛面前，“那热粥冒出的香气里，充满了母亲深情的爱。我一言不发，脸贴近碗，贪婪地吃起来。母亲用她温和的笑脸，在一旁注视我。那情那景，至今历历在目。直到现在，只要把小豆粥放在我面前，母亲的形象就会清晰地再现”。

孩童时代，爱哭泣的稻盛的任性执拗，常让母亲在众目睽睽之下羞得无地自容。对付这么个爱折腾的小家伙要花费双倍的功夫。但是，母亲虽然稍有抱怨，却给予了他彻底的包容，让稻盛享受到了充分的安全感。

但这绝不是无原则的溺爱。

稻盛初中毕业，坚持要上高中，为此与父亲吵了一架，最后父亲迫不得已，卖掉了祖上留下的唯一一块薄地，供他升学之用。但 15 岁的稻盛玩心尚重，一下课就与同学一起玩业余棒球，非常热衷，经常玩到很晚。一次被出门卖米的母亲撞见。回家后，母亲把他叫到跟前，平静却郑重地对他说：

“和夫啊，为了是否升学，你与父亲吵成了那样。好不容易上了高中，你却天天玩棒球。你的同学家庭富裕玩得起，我们家如此贫穷，弟妹那么多，你却把棒球玩疯了。”

没有呵斥，没有责骂，没有指示他具体该做什么。但就这么几句话，深深地触痛了稻盛的心，稻盛当即放弃了棒球游戏，转而动脑筋帮助父亲做生意。

正是母亲的这种严肃的爱，促使稻盛在反省中成长。

稻盛回忆说：“父母都只有小学文化，教育孩子不是靠知识学问，一切都是心的教育。”

母亲常讲的下面一段话，让稻盛刻骨铭心：

“你们都不是干坏事的坏孩子。但每当一个人独处的时候，就什么都想得出来，什么都做得出来，所以必须警惕。一个人的时候是最可怕的。但要记得，神和佛一直在看着我们，无论身在暗处还是哪里，都必须站得端行得正。”

稻盛说：“母亲的教诲深入了我的骨髓，真的不可思议，就在我一个人独处的时候我也不想坏事，不做坏事。”

有言教，但潜移默化的，更有母亲的身教。

战后，日本政府按人头发放新币，存款一下子变成了废纸，稻盛的父亲一度消沉。一家十一口人的生活重担，主要压在了稻盛母亲的身上。出于对家人的爱，母亲拼命努力，瘦小的身躯里迸发出巨大的能量。勤奋、乐观、有勇有谋、充满正义感、不惜自我牺牲……书中有许多生动的描述。

我们知道，稻盛哲学用一句话表达就是："把'作为人何谓正确'，当作判断一切事物的基准。"换句话说，就是不以得失而以善恶作为判断和行动的基准。

但是，很多人不相信这一条。他们认为人是自私的动物，追求自身利益乃至权力的最大化，才是人的本性。以善恶也就是以利他之心做判断的基准，是根本不可能的，是违反人的本性的。提倡利他哲学是十足的虚伪。

然而，稻盛却信。为什么？因为稻盛从母亲身上看到了人性的真善美，看到了真善美爆发出来的威力。

把自己本性中的真善美发挥到极致，做人应该做的好事，不做人不应该做的坏事，把这一条做彻底，这就是稻盛哲学。

用自己的真善美来激发下属的真善美，这是稻盛终生实践的哲学，稻盛一辈子乐此不疲。京瓷、KDDI 的成功，日航的起死回生，盛和塾，京都奖，等等，不过是稻盛哲学的产物。

“天下熙熙皆为利来，天下攘攘皆为利往。”环顾四周，个人、组织乃至国家，至今都在为争夺自身的利益而纷争不息，大部分人都把利害得失作为判断和行动的基准，整个世界基本上仍然停留在利己文明的阶段。

如何从利己文明的低级阶段，升华到利他文明的高级阶段，稻盛做出了榜样。

向稻盛学习，在自己力所能及的范围内，把做人该做的好事做彻底，做极致，做好榜样，给人信心，这就是我们的使命。

2018/7

母亲即神明

知名管理哲学家　王育琨

誉满全球的经营之圣，耄耋之年独处时，总会情不自禁地喊：“妈妈！”“母亲！”一天之中会出现四五次。于是，稻盛和夫著作新书《稻盛和夫：母亲的教诲改变我的一生》。他要通过怀念母亲之情，寻找自己灵魂成长的源头，告诉未来的孩子们如何成为一个自立、自主和自在的人。

稻盛和夫的母亲纪美把爱毫无保留地给了孩子们。以至于现在一提到“温柔”，他就记起了母亲。当时母亲纪美要照看一大家子，还要照看父亲工厂的管理，还要为吃饭跑出去经营小买卖，还要给孩子营造一个温暖的氛围，以前感觉一些很自然的事，现在回想起来，那有多不容易呀！

母亲纪美通常“不管”。小时候小和夫一哭就是三小时，做妈妈的忙于干活就是不现身。结果从小就锻炼了稻盛和夫的肺活量，嗓音一直到现在都非常洪亮。而且，哭累了的小和夫还会自己找事干，爬到桌子底下去看木质花纹。纪美的“不管”，给了小和夫探索宇宙秘密的机会，诚可谓“行不言之教，处无为之事”。

不管的背后是信任。母亲纪美从小鼓励他要自立自强。每当小和夫回家哭哭啼啼说有人打他，母亲就给她递上一笤帚疙瘩让他去“打回去”。一次次的鼓励，小和夫真举起棍子，欺负他的小孩就跑了。于是，小和夫胆大了，上小学后就成了孩子头。孩子头的经历，早早地开发了稻盛和夫的领导才能。

母亲纪美给了小和夫无与伦比的信任。只要是小和夫发自内心认为自己在做正确的事，哪怕闯了祸，母亲也坚定地站在他的一边。信任的暖流一次次让小和夫泪流满面，让他知道那是内在无穷性暖能量的来源。

母亲纪美还用行动告诉稻盛什么是“斗魂”。有一次稻盛和夫最小的叔叔被一个岁数大的“士族”的孩子打惨了。父亲碍于“平民”的身份无动于衷，母亲则奋不顾身，拿起一把刀就领着稻盛和夫的小叔叔去那个小孩家叫板。让稻盛和夫每次想起都激动得不行。

母亲给了稻盛和夫无比深厚的同情心和同理心。从小一言一行都在熏洗小和夫，让他知道己所不欲、勿施于人，推己及人，将心比心。母亲毫不利己，专门利人，也让小和夫对利他有了刻骨铭心的体认。让他知道了作为人，什么是该做的，什么是不该做的。给他心灵深处植入了一颗“作为人何谓正确”的种子。

稻盛和夫深信，每个人自立、自主、自在的人格和思维，都是在童年期长成的。在书的末尾他说：

“我现在终于深刻地明白了，‘母亲，感谢您’就是‘神啊，谢谢您’的意思，‘母亲，对不起’就是‘神啊，很抱歉’的意思。我发自肺腑地感谢直到我到了耄耋之年也一直守护着我的母亲。”

稻盛和夫真正悟道了。别人都注重套路、模式、形式、经验、律条，而他却独自跪拜自己人格思维的源头——也就是万事万物当下的母亲、源头或大道。

老子说："众人皆有以，而我独顽似鄙。我独异于人，而贵食母。"老子常用"母亲"形容大道。在这里说的"贵食母"，就是说万事万物的大道本源。"贵食母"我理解就是"每个当下直落根本，实事求是"。这是一个觉醒的人所必修的课程。其内在含义可以稍稍拓展一下：

保持开放，保持空杯；直落根本，实事求是；到一境灭一境，入一步杀一步，得一趣忘一趣，知一妙去一妙。

著名心理学家荣格读到老子的"我独异于人，而贵食母"，一下子就顿悟了。一切的套路和形式都烟消云散，他独创了一个以"集体无意识"为依归的荣格心理学。"集体无意识"，也就是"先天无意识"，那是所有人类思维意识的本源。

一如稻盛和夫，当我们每个人，每个当下都可以"贵食母"，都可以"直落根本，实事求是"，那样就会少了无数纷争，我们每个当下都可以是自立、自主、自在、活泼泼的有创造力的人。

家庭教育的神奇力量

清华大学教授　蒋劲松

号称日本经营之圣的稻盛和夫先生，以其传奇式的成功，在工商业界享有广泛的尊崇。众多管理人士认真学习他的理念，希望从中汲取他丰富的管理经验和深刻的经营之道。这样一本书，想必也会是他们认真阅读的书籍。

我想如果以非常功利的心态，从这本书中学到所谓立竿见影的秘诀，大概会很失望。因为这种所谓的“秘诀”，只存在于那些忽悠人的培训课程中，世上根本就没有这种投机取巧者奢望拥有的诀窍。

但是，如果我们真能平心静气地阅读此书，相信会比缴天价学费上那种培训课程得到更多的收获。稻盛和夫的父母其实都是普通人，并无轰轰烈烈的传奇，也没有成就什么伟大的功业。就是这样普通的，而且有缺点、有不足的父母，却可以通过他们自己的言传身教，把合理的价值观教导给孩子。比如父亲通过实际行动支持教导稻盛和夫，要将自己认为对的事情坚持到底，无论多么艰难；而母亲则用自己的乐观善良将“利他之心”教给了稻盛和夫；等等。而稻盛和夫今天又通过在全世界对众多的工商人士的教导，将来自父母的善良品格与美德，传给了更为广泛的人群。

稻盛和夫在书中花了不少篇幅来介绍中国古籍《了凡四训》，介绍他对“因果法则”的理解，从他在经营企业时的“心怀善念，身行善事”的所作所为，可以看出《了凡四训》对他的深刻影响。可能许多人没有注意到，《了凡四训》本来就是明代袁了凡教育孩子的家训，堪称中国家庭教育的经典之作。家庭教育，今天许多人只理解为对青少年的教育。而以《了凡四训》为代表的家训，则不局限于青少年的教育，是对于后代子孙终身的价值观和人格教育。因此，与中国古人对家庭教育的理解相比，我们就显得过于浅薄狭隘了。

稻盛和夫的母亲是一位普通的家庭妇女，她的做人之道，对生活的态度，通过家庭教育在稻盛和夫身上产生的影响，将可能进一步放大、扩散。可见，即使一位默默无闻的普通人，无论地位尊卑，能力大小，只要重视家庭教育，都有可能产生出改变世界的神奇力量。

根深业茂

知名心理学家　智然

87岁的稻盛和夫，成就的非凡事业，中国企业家非常熟悉，耳熟能详。企业界带着好奇心，一直在探求稻盛先生带领京瓷、拯救日航的商业奇迹背后的“秘密”。殊不知，非凡的背后竟是“平凡”——百善孝为先，孝亲敬祖，根深业茂。

2011年，我有幸为中国的企业家分享《了凡四训》。巧的是，稻盛和夫也曾在日本为企业家讲授《了凡四训》的生命法则。从明朝流传至今的《了凡四训》，不仅影响中国人，也影响了日本等国四百多年。《了凡四训》说：“忠孝之家，子孙未有不绵远而昌盛者。”谁没有父母？哪个孩子不需要父母？孝亲是再平凡不过的事情了。但是，平凡中蕴藏着非凡的生命力量，值得今天的中国企业家重视。

孟子说："尧舜之道，孝弟而已矣。"尧舜是古代中国的伟大帝王（领导人），他们是何以成就伟大事业的？孝弟。难怪《论语》说："君子务本，本立则道生。孝弟也者，其为仁之本与。"孝悌是生命的大根大本，百善孝为先嘛。

《大学》是流传至今二千多年的帝王之学，"君子先慎乎德，有德此有人，有人此有土，有土此有财，有财此有用。德者本也，财者末也。"德，道德，孝是道，顺道者昌，逆道者亡。

《周易》说："积善之家，必有余庆。"积善，利他，利父母，利先祖，孝亲敬祖是第一善。企业家，每个人都是一棵生命树。我们是树，谁是生命树根？爸爸妈妈、爷爷奶奶、列祖列宗是我们的生命树根。孝亲，就是我们这棵生命树与树根"连而不断"的生命状态。树断根必枯，人不孝必衰，诸事不顺皆因不孝。连根养根，自然根深业茂。业，学业、家业、事业、企业、民族大业，也是中国人所追求的"五福临门"——长寿、富贵、康宁、好得、善终。稻盛和夫，就是从孝门走入“五福”大道的。

《稻盛和夫：母亲的教诲改变我的一生》是稻盛和夫写给自己母亲的，有感动，更有心心念念的感恩，其中也揭秘自己精彩人生的“谜底”。“父母呼，应勿缓；父母命，行勿懒；父母教，须敬听；父母责，须顺承。”稻盛和夫完全依照《弟子规》做到了“连根养根”。命不离心，心不离根，人心向祖，根深业茂。

稻盛先生回忆说，自己 80 多岁了，“总会情不自禁地呼唤‘母亲’”。他的父母的学历不高，只念过小学，但常常教导子女“坚持正确的做人原则”。母亲说，即使独自一人，也一定要想着神与佛一直在看着自己，然后再行动。慎独，自我管理，自律，这是成就伟大人格的必备品质。稻盛先生说：“母亲的教诲深深铭刻在了心里，督促着我即使一个人独处，也绝不做出格之举或不道德之事。”

父母不仅言传，更是身教。稻盛先生回忆说：“父亲是一个沉默寡言的慎重派，正义感很强；母亲则外看性格爽朗，内心坚毅，关键时能够挺身而出……能够成为一个可靠的企业家，这一点遗传了父亲，尤其还继承了父亲特别讨厌借钱的这一点。”又说，“（父亲）这种小心谨慎的性格似乎也有遗传给我，所以我在企业管理方面坚信‘不借款不负债’的信条，京瓷株式会社从创建之初开始就零负债一路走了过来。”

敬天爱人，父母是我们生命的天。让传统文化“活”起来，稻盛和夫先生从孝亲入手，经营“利他”思想，提升心性，拓展经营，用平凡创造非凡的事业，是学习中国文化的成功典范。大道至简，《孝经》说：“孝悌之至，通于神明，光于四海，无所不通。”生意兴隆通四海，财源茂盛达三江，通则不痛，从先通父母之心开始……

序章 温暖至今的小豆粥

“母亲……”

独处时，我总会情不自禁地唤起母亲。这种情况，一天之中会出现四五次。年轻时从未如此，是 60 岁以后才这样的。我自己也不明白原因是什么。白天工作繁忙，所以不会那样，但每天入睡前和清晨醒来后，常常发现自己正轻声呼唤着“母亲”，这让我自己都颇感惊讶。

另外，快乐的时候，或深感幸福的时候，我也会轻念：“母亲，谢谢您。”

内心愤懑不满或宿醉醒来的时候，则会念道：“母亲，对不起。”

虽然写下这些话有些难为情，但我自小就非常爱我的母亲。母亲也是用她那无法用言语形容的爱一直守护着我。

时至今日，仍然有另一个自己在某处微笑地注视着我，感叹地说："一旦发生什么事情，总会情不自禁地呼唤'母亲'。"明明是个80多岁的老头儿了，竟莫名有几分可爱的孩子气。

每当我想起母亲的温柔与温暖，似乎还能闻到那泛着丝丝甜味儿的小豆粥的香气。

我出生于鹿儿岛，这里的父母在教育孩子的时候，极其重视正义感和武士道精神。

可能是作为这种教育方式的重要组成部分，每一年，在曾发生"赤穗义士事件"的旧历12月14日这天，校长都会面向学生宣讲"赤穗义士传"。

这天，小学四年级以下的学生全部在礼堂集合，学校会通过放映与"赤穗义士事件"相关并适合孩子的连环画剧对他们进行教育。

五年级以后，则要听更复杂一些的内容。老师为大家讲一个名为片岛深渊的人写的《赤穗义臣传》，学生们端坐在礼堂内专心地听。等老师的讲解结束，我的双腿都完全麻木了。

好不容易熬到解脱，我几乎带着哭腔回到家里。母亲每次都在门口等着我，一边说着“回来啦，快进屋”，一边微笑着来接我。

一回到家，母亲为了让我冻僵的双脚恢复知觉，都会端出提前烧好的温度正合适的洗脚水，让我的脚舒舒服服地浸泡在其中。

泡完脚，我长舒了一口气，朝火盆走去。

刚走到火盆边，母亲就端给我满满的一碗用栗饼和黑糖煮的小豆粥，温柔地说：“来，快吃点东西吧！”我接过碗，默默地吃起来，恨不得把整张脸都埋进碗里。

我吃的时候，母亲总是微笑着坐在咕嘟咕嘟冒着热气的小豆粥对面，用温柔的目光注视着我。

母亲的名字叫“纪美”。

也正是从母亲纪美那里，我学会了做人的重要道理。当然，这些道理不是用语言教的。

时至今日，母亲仍然在我心中占据十分重要的位置，以至于只要听到“温柔”这个词，我就会本能地想起她来。

二十三年前，82岁的母亲与世长辞。而今年[1]，我自己也已83岁了。在走过比母亲整个生命还要长的这一年，我禁不住想——对我来说，母亲究竟是怎样的存在呢？她到底给我的人生带来过哪些影响？

一直以来，通过大量的经验积累，我建立了一套关于“正确的活法，何为人生目标”的拥有自己风格的人生哲学。

这些理论表面上都是通过我的语言表述出来的，但其原点，毫无疑问是童年时期的成长经历。

不仅仅是我，促使我们每个人变成今天的根源，都早在童年时期就已形成。而在成长过程中，对孩子影响最大的，无疑就是父母。

我自己也不例外。尤其是我深深敬爱的母亲教会我的事，时至今日我依然铭记于心。

近来，我常在新闻报道中看到缺乏道德观和伦理观的年轻人的所作所为。身边也时常有人提及，感觉如今的年轻人自私自利，缺乏感恩之心。

① 指2015年。

我一直相信，我们日本人都拥有一颗佛教教义中所主张的“利他之心”，但这其实是经由我们的父母代代相传而传承给我们的。

如果现在的年轻一代没有这种胸怀，那原因一定只有一个——就是大人没有教给他们。

战争是残酷的，它会让曾经美丽的国度沦为一片废墟。但在这样的战乱之中度过幼年时期的我们，并没有成长为心灵贫瘠的一代，唯一原因就是长辈们的存在——他们用严肃又温柔的方式教会了我们应该如何活好这一生。

也曾犯错，也曾一败涂地，但他们充满爱的目光始终守护着我们。

我知道，如今已然成为爷爷的我依然没有办法将对母亲的怀念完全写下来，我只是希望通过超越单纯的怀念母亲之情的记录，寻找自己灵魂成长之路的源头，希望这能成为一部教人如何做人的记录。此外，若是能对我们国家的未来栋梁有所启发的话，对我来说将是莫大的欣慰。

第壹章

从鼻涕虫到孩子王

只在家里称王称霸的次子

热闹的九口之家

大致位于鹿儿岛市中部的城山，是西乡隆盛[①]辞世的地方。

我就出生于流经城山的甲突川流域一个名为药师镇（现在城西）的小镇，是父亲畩市、母亲纪美的次子。

虽然事实上我是昭和七年（1932）1月21日出生的，但由于父母一直忙于工作和照看孩子，向政府报告晚了，所以我的户口页上写着是那个月30日出生的。

家里兄弟姐妹一共七人，一个哥哥、三个妹妹和两

① 西乡隆盛：日本江户时代末期的军人、政治家，“维新三杰”之一。

个弟弟。虽然算不上小康之家，但我们的每一天都过得热热闹闹的。

之所以这么热闹，还可能因为我们家是从事印刷业的。印刷机工作时发动机会发出轰隆轰隆的震动声，日日不绝于耳，连周日也不停歇。

父亲是一位十分稳重温和的人，记忆中他训斥我的次数屈指可数。平常在印刷厂帮忙的工人有十来个，但无论对自己的孩子还是对这些工人，他都没怎么生过气。

在我的记忆中，只保留着父亲默默工作时的背影。

印刷厂的活版印刷机不停地转动着，我记得发动机上面总是很暖和。一到冬天，我就爬到上面，要么取暖要么玩耍。回想起来，只要那时我的脚稍稍横着放一点就可能被传送带卷进去，但父亲即使看到也不会骂我半句。

大部分工人都是居住在附近的大婶，所以每次工作时间一长，晚上下班太晚，工人们就会和我们全家人一起围着巨大的桌子吃饭。

母亲不仅要负责家务活儿和照顾孩子，也要操心工人们的工作分配，有时还需要雇用女佣。这些事情全都由她一手操持。

母亲忙碌的一天从清晨就开始了。早晨，母亲一边做饭一边准备白天工厂作业会用到的糨糊。这项准备工作必须提前完成，这样只要工人一到就可以立即开工。

忙完这些之后，母亲开始叫孩子们起床，等他们吃上饭，再去叫父亲起床。父亲虽然性情温和，但身上总有一些大男子主义，早上不愿早起，所以把开工前的准备工作全交给了母亲。母亲一整天要干的活儿，既庞杂又繁重。

采摘枇杷和温泉之旅的回忆

父亲年轻时在印刷厂做学徒期间，往来的纸商中有人看中了父亲工作时的踏实劲儿，便把自己手头的旧印刷机器转让给父亲，让父亲离开印刷厂自立门户。我正是在这个时候出生的。

父亲把家里的偏房拿来做了工作场地，立起了“稻盛调进堂”的招牌。商标图案是左右两边各垂放一根稻穗的大黑天[①]财神。

工厂开业之后，离我家仅仅有一条马路之隔的鹿儿岛实业高中和鹿儿岛中学的订单源源不断。“稻盛调进堂”的生意似乎从一开始就经营得顺风顺水。

但由于价格低廉，其实并没有真正赚多少钱。不过，父亲认为“能养活一家人就足矣”，所以一句怨言也没有。有时还为了要按时交货而彻夜赶工。

父亲的勤恳务实被一位纸商看在眼里，说下次带一台做纸袋的自动制袋机来。还说：“不必担心支付这机器的钱，多少年还清都行。我再介绍一些纸袋生意给你。”

听上去好像不但可以扩大业务，而且对方还提出了难得的好条件。但父亲一直坚信“做大不如做精”，所以固执地跟对方说“没钱”，一直犹犹豫豫没有答应。

后来，父亲经不住劝说引进了自动制袋机，但他对新事物向来非常小心谨慎。

① 大黑天：佛教的护法神，在日本人心中也掌管农业五谷丰登。

据说有人这样评价父亲："明明手艺那么好，�市先生也太无欲无求了。"

为了维持印刷厂薄利多销的业务，父亲每天从早忙到晚，连星期天也不例外。但只要一有时间休息，父亲就会跟家人一起出门。其中尤其让我期待的是去樱岛摘枇杷。

在我小时候，樱岛上有一面山都是枇杷园。到了果园，我们先使劲儿吃枇杷，等到吃饱了，再往背包里装枇杷，恨不得把背包塞到快撑破。

盂兰盆节[①]和新年放长假时，我们一家人常一起去温泉疗养。印象中，最常去的就是位于甲突川上游的河头温泉，而且吃饭一定有寿喜锅。因为太喜欢这样的旅程，所以每当父母说"一起去河头吧"，我们这群孩子都会高兴得手舞足蹈。

现在回想起来，对当时的父母来说，这样的温泉疗养和寿喜锅大餐肯定也是一种奢侈的享受。

提起元旦，以前我们还经常一起回母亲的老家。

① 盂兰盆节：起源于佛教的目连救母，是日本仅次于元旦的第二大节日。

只要身为长女的母亲带孩子回娘家，母亲的父母一定会热情接待我们。对母亲来说，每年带着身着新年盛装的孩子们回娘家一次，应该也是十分期待的大事吧。我想，母亲也想趁此机会向自己的父母炫耀，自己嫁了一个事业心很强的丈夫，日夜勤勉地工作，让全家人都过上了还算富足的生活。

母亲的父亲，也就是我的外公，总是一边招呼着“和夫，来了啊”，一边把压岁钱递给我。

每次我打开袋子，都能看到一张50钱银币。当时有一种“一钱粗点心店”，在这里一钱可以买到一个粗点心，所以对当时的孩子来说，50钱是一笔“巨款”。

在母亲的老家，还有两三个待字闺中的妹妹。在我看来，虽然她们辈分上是我的姨母，但其实年龄差距并没有那么大。

一看到外公给我的压岁钱，姨母们就会不满地抱怨：“哎呀，父亲竟然给了和夫50钱压岁钱，我们都没有拿到过呢。”

我已经记不得那50钱是怎么花光的了。但我想，大概是被很会当家的母亲收入钱包了吧。

爱哭鬼、胆小鬼

父亲畩市先生一生简朴，匠人味十足，可以说是“永远循规蹈矩，少有变通”。

母亲纪美则是一个性格开朗、平易近人的人：善于言谈却不世故，性格乐观却不张扬，待人诚恳又不计较……在我的印象中，母亲永远保持着年轻的心态和积极向上的姿态。

之前也提到过，母亲每天早上都会早早起床为小家庭九口，以及当时与我们住在一起的祖父和堂弟一共十一人准备早点，此外还要给神龛和佛龛换水、打扫卫生，等等。母亲就这样日复一日地忙碌着，连坐下来喘口气的时间都没有。

父亲全部看在眼里，但就是不愿帮一点忙。我知道即使是现在的九州男人也不会这样，但那个年代盛行的还是“萨摩隼人”[①] 的思维方式吧。

即使在这样的环境中，母亲还是每天以笑脸示人。

母亲在家里和工厂走动的时候，还会亲切地跟前来打工的女工人打招呼，感激地说“多亏了你的帮忙”。

我想，在当时工厂的工人们眼里，母亲是一个勤劳的人，又非常阳光。

母亲有时还会帮父亲打理生意，甚至比父亲更有商业头脑。

这样的父母生下的我，也是一个开朗活泼的孩子。亲戚们在一起的时候，我常做一些风趣的事逗大家笑。我想，这也许就是从乐观开朗的母亲那里继承而来的吧。

另一方面，我又是一个在家里任性，在外面怯弱的孩子，动不动就爱哭鼻子，生性胆小。尤其是上小学之前，可以毫不夸张地说，几乎所有的记忆都是伴随着泪水的。

① 萨摩隼人：萨摩人的美称。萨摩人面色黝黑，身型粗短，行动矫健，作风凶狠。

从快要上小学的时候开始，我总和附近比自己年纪大的孩子在原野上追逐玩闹，但也常被这些大年纪的寸头小子们嘲笑是个胆小鬼。

我至今还记得，每当他们先跑过农田的田间小路，掉队的我总是眼泪汪汪；如果是被丢在了河岸边，我就干脆一直哭个不停。

不过，我至少还是个“萨摩男人”，所以最后一定会鼓起勇气追上前去。但那时的我，始终是一个现在完全难以想象的胆小鬼。

一哭就是三小时的『熊孩子』

只想独占母亲

既胆小又爱窝里横的我，在家里总是尽情撒娇。

不仅对家人，甚至对常在我们家打工的十几个工人和女佣，我也非常喜欢撒娇。大家都喜欢叫我“小和夫”，每个人都宠爱着爱哭又麻烦的我。

尤其在母亲面前，我更是肆无忌惮地撒娇任性，这在兄弟姐妹中无人能及。当然，这不是说母亲在众多兄弟姐妹中只偏心我一人，而是我总爱拼命撒娇，就像她只是我一个人的母亲似的。可能是因为每天忙碌不堪的母亲不怎么陪我玩，而且兄弟姐妹又太多吧，我才会那么想独自霸占母亲的爱。

我每天从早到晚地跟在母亲身后打转，抓着母亲衣服的下摆不放，她去厨房我就跟着去厨房，连她去上厕所我也会跟到厕所去。

“哎，这孩子可真让人头疼！”

如果母亲试图甩开我的手，我就会哇哇大哭，于是无可奈何的母亲只好作罢，干脆带着我一起去了厕所。

这种情况从我蹒跚学步开始，一直持续到了我上小学之前。听母亲说，在我长大后，母亲一想起“有个什么东西在手里，那一定是和夫的小手”。

大我三岁的哥哥完全是一副成熟稳重的大哥模样，根本不会像我一样跟母亲撒娇。我上小学之后，母亲又生了两个妹妹，但在所有孩子中，我一直是最爱跟母亲撒娇的。

在鹿儿岛，有一个说法是“熊孩子”。

所谓“熊”，就是“爱发牢骚”，不乖乖听人说话，只知撒娇任性给对方添麻烦。这种性格的小孩被称为“熊孩子”。

上小学之前的我，就是一个彻头彻尾的“熊孩子”。最能体现这一点的，就是周围大人们对我的称呼。

不仅是家人，还有工人们都叫我“三小时鼻涕虫”。因为我一哭起来，就一定得哭上三个小时。

也许是我的哭声实在是太响亮了，在附近邻居中我也小有名气：“你听，小和夫又要哭上三个小时了！”

油盐不进

每次的“三小时哭泣”，差不多都会经过一个漫长的过程。

一次，我午觉醒来，发现屋内只有自己一个人，感觉害怕极了，便不由自主地大叫：“母亲！”

可根本没有人回应，也没有人来。

于是我又叫了一声：“母亲……”

这一次还是没能听到母亲赶来的脚步声，只听见位于别院的工厂传来熟悉的机器轰鸣声。

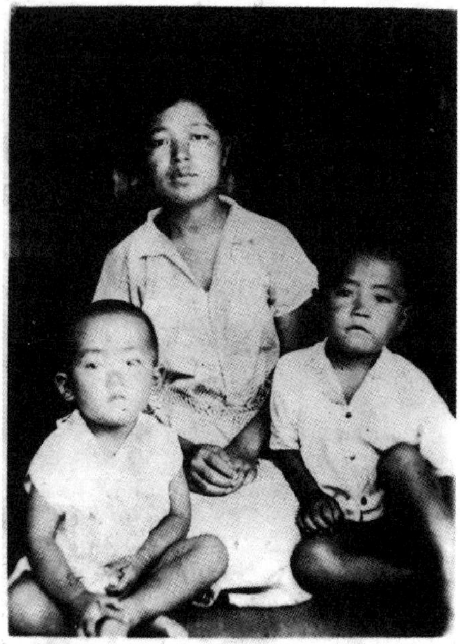
我与母亲纪美、哥哥利则，摄于自己家

“哇——”

终于，“三小时鼻涕虫”的帷幕就这么拉开了！

“哇——哇……”

我哭得越来越大声，但母亲丝毫没有赶来的迹象。

最后，我干脆把被褥翻得一团乱。又是捶胸顿足，又是踢隔扇踢拉窗的。偶尔还把隔扇拉窗什么的踢出一个大洞来。

其实，母亲老早就听到我的哭声了。但由于工厂的活儿实在腾不开手，加之必须给女工们分配工作，所以没办法说离开就离开。

就算忙得不可开交，但只要听到我接连踢隔扇或拉窗的声响，无可奈何的母亲就没办法对我再放任不管，只好放下手里的活儿，直起沉重的腰身。

她急急忙忙赶来我身边，一边念着“哎呀哎呀，到底有什么好哭的”“对不起，对不起，我来晚了”，一边温柔地伸手安慰我。

如果你认为我这时候就该停止哭泣了，那你就错了。因为我非但不会停下来，反而会哭得更大声。

因为母亲来之前的哭是为了呼唤“母亲，快点来吧”，其中包含“我这么想你，你为什么不带我一起呢”的哭诉。

接下来的哭泣则是在抗议“为什么你来得这么慢”。虽然母亲照我的期待赶来了，但我内心还是止不住地想：“为什么我哭得那么难过那么孤单，你就不能早一点来陪我呢？”

没办法，实在管不了了。对母亲来说，大概也非常无可奈何吧。毕竟正在工作，这么做也会给身边人增加麻烦。

不管是劝还是哄，都丝毫没有效果，我还是油盐不进地哭个不停。母亲只好不管三七二十一，又丢下我一个人自己回工厂去了。

于是我又开始哭："为什么要离我而去啊？"

就这样，随着每次理由的不一样，我哭得完全停不下来。

当然，我不知道是不是真的有哭了三个小时，但一个小时左右肯定是有的。但因为太缠人了，母亲开始叫我"三小时鼻涕虫"。

在幻想的世界游弋

虽然人称"三小时鼻涕虫"，但要是真哭上一个小时，也会累得筋疲力尽。哭完之后的我，心情是如何平复下来的，我至今仍记忆犹新。

记得在家里的一间八叠[①]间里，有一个给来客使用的大矮桌。不知道是用樟木还是什么做成的，总之是一件非常漂亮的家具。

---

① "叠"是指榻榻米，八叠是指八张榻榻米，一叠约 1.6 平方米。

哭完后，我就钻进这张桌子的下面，仰面朝天躺在地上望着桌子的顶板发呆，那上面有由木头的纹理交织而成的复杂图案。

刚哭完的我精神恍惚，用模糊的泪眼望去，那些花纹有时看着像某个不熟悉的国家的地图；有时看着像某个海岸的风景，这些海岸上夹杂着海潮退去后露出的海滩，几对父母和孩子在海边赶海。有时还能看到机翼上印着日本国旗的飞机，或低空飞翔，或快速上升在高空中盘旋。

幻想漫无边际，我沉浸在各种有趣的故事之中。房间天花板上也有木纹，有时那里也会成为我想象的大舞台。

就在灵魂游荡在这些幻境中的时候，我的心情也渐渐平复下来，然后在不知不觉中睡着了。

我从小就是一个热衷于想象的孩子。尤其在哥哥上小学之后，家里也没有人可以陪我玩，所以经常一个人在想象的世界中遨游。

当时，有一个叔父经常带着我们兄弟俩去电影院看电影——他就是兼一叔叔。那时，比父亲小十岁的他和我们住在一起。

和保守的父亲不一样，兼一叔叔非常时髦，是稻盛家第一个“开明派”。也就是通过这位叔叔，我得以了解外面的世界。

但无论他带我去看什么样的电影，我都不会感动。我总是自负地想：“这种故事，自己随随便便能写一大把。你看，我猜都能猜到接下来的剧情该怎么发展。要是换我来写，肯定能写出更精彩的故事。”

有时也会出现让我入迷的东西，比如榎本健一主演的电影等，但除此之外大部分作品对我来说都很无聊。

所以，我觉得大人都很幼稚，竟然为了这种娱乐支付高价，也在内心惊讶：“‘大人’难道都是大脑这么简单的物种吗？”

明明自己就是人称“三小时鼻涕虫”的“熊孩子”，让大人头疼不已，也不知哪里来的这股傲慢劲儿。

关于小白兔的回忆

还有一件事情能表现出我是一个不折不扣的“熊孩子”。

在鹿儿岛，每到春天就会举行名为“树市”的活动，就是一个以出售庭园的树木或花草的货摊子为主的热闹市集。热闹的市集里，除树木外，还有粗粮点心等多种东西卖。

母亲虽然一直十分忙碌，但难得有这样的机会，所以会带着我们一群孩子去逛一逛。某一年“树市”期间，我正好快要上小学了。记得那天除了我，哥哥也一起去了。

在排列整齐的各种店铺之中，我看到了一家卖小兔子的店，突然停下了脚步。

只见几只小兔子蹲在笼子里，它们有着红红的眼睛，浑身包裹着软软的绒毛。

店家从中取出一只，让我抱抱看。我小心翼翼地接过这只小兔子，一边念着“乖乖、乖乖”，一边轻轻地

我也经常形影不离地跟哥哥玩耍

抚摸着它。

我感受到了生命的温暖，多么可爱啊！

我突然特别特别想要这只小兔子。

我拽着正要离开的母亲的手，撒娇地闹着说：“给我买这个！”

母亲对我的要求不予理会，埋怨道：“养兔子干吗！”对母亲来说，这样的购物毫无意义，纯属胡乱花钱。

见母亲这般反应，我立马哇的一声大哭起来，然后开始“掏耳朵”。

所谓“掏耳朵”，在鹿儿岛方言里就是“挖地面”的意思。具体说来，就是吧嗒吧嗒用脚跺地，简而言之就是无理取闹。

我要赖地往地上一坐，使劲儿蹬脚，恨不得把地面刨出个坑来，口里不断嚷嚷着："给我买！"和往常一样，无论母亲怎么哄我，我都哭个不停。

母亲不为所动，只顾拉着我走，想让我放弃。但我的哭声越来越大。一旦我下定决心，任母亲说什么都听不进去。

店家也困扰极了，路过的行人纷纷投来惊讶的目光。

母亲大概想着"要真是在这儿上演'三小时鼻涕虫'的把戏，就太丢人了"，于是开始冷静下来说服我。

"和夫啊，你真要养兔子，就必须一直喂它哦。如果你能做到每天找食物喂它，我就答应买给你。你要是不喂，小兔子会死的。你能答应好好照顾它吧？"

"我答应，一定能！"

我二话不说就答应了，这下兔子终于名正言顺地属于我了。而且母亲给我买的还是一对，所以回家路上我春风满面的。

也许母亲也希望能通过"每天给兔子喂食"这件事教育一下没有耐性的我吧。

回家之后，我很快做了一个笼子，开始在这里面养兔子。

刚开始时，我会去附近的甲突川畔采一些繁缕[1]给小兔子吃。

但正如母亲所担心的，养兔子的热情只持续了三天左右。我渐渐厌烦了兔子，常常把它们扔在一旁就自己跑去玩了。

结果照顾小兔子的任务就落在了本来就忙得不可开交的母亲身上。善良的母亲虽然嘴上抱怨，但从那之后一直替我照顾着。

兔子是一种繁殖力很强的动物。因为我是买的一公一母一对儿，时日久了，它们生下的小兔子越来越多。

我至今还记得，那时候母亲总忍不住数落我："明明是你自己闹着要养才买回来的，真是……"

真正的接纳

在我的记忆中，母亲从未声色俱厉地训斥过我。我

① 繁缕：一种植物。

努力想要回忆起来，但只能说真的一次都没有。

虽然总听人说，从小成长于优秀的母亲的严格教育之下，所以母亲的教诲至今仍是自己的精神食粮，但我的母亲绝对不属于这一类型。

我的母亲所做的，只有日复一日开朗乐观地面对生活，真实地把自己勤奋努力的样子展示给孩子们，并且用她那无与伦比的爱守护自己的儿女。

但母亲也不是毫无原则地纵容我们。只要是违背做人原则的事，母亲一定会严肃指出并严令禁止。她从不一味溺爱我们。

那两只小兔子也不是我一要就立马买给我的，而是在狠狠反对之后才答应的，并且最终因为我没有按约定好好照顾小兔子，也冷静地批评了我。

但是母亲通常都会接受一切结果。就像无论她多么忙碌，都会耐心照顾好我买回来的兔子。

做错事情时，母亲会严厉地批评我们，但她绝对不会放弃自己的孩子，对绰号“三小时鼻涕虫”的我也是一样。明明是一个让人操碎了心的孩子，但她绝不会冷漠地对我或不愿带我出去。

如果是普通的母亲，面对一个为了得到自己的关注和照顾大哭大闹，甚至踢隔扇踢拉窗的只知道撒娇的孩子，一般都会厉声斥责或狠狠责备吧。但我的母亲完全不会这样，她只会一边口中说着“真是个烦人的孩子”，一边接纳这样的我。

我想，正是母亲这样的教育方式，不仅以巨大的安全感陪伴我度过了整个童年阶段，时至今日也依然是我巨大的精神支柱。

我是家里七个孩子之一，母亲从未过分溺爱我，或偏心于我。但我深信自己是被深深的母爱包裹着长大成人的。而且我也相信，其他兄弟姐妹们也有一样的自信。

即使不能常伴身旁

虽然我一直是被母亲深爱着长大的，但并非因为母亲“始终都陪在我的身边”。

母亲常常不在我身边，以至于我不得不使出“三小时鼻涕虫”的绝招强行吸引她的注意。但是即使使出了这一绝招，也经常被放任不管。

前面多次提及，我的母亲是非常忙碌的。除了帮助父亲处理印刷厂的事务之外，还要分配工人和女佣进行工作，另外还有七个必须照顾的孩子。

无论她忙得多么焦头烂额，无微不至的母爱总会时刻萦绕在我的周围。从这一点来看，也许所谓的母爱，并非是一定要每时每刻都陪在孩子身边才能被感受到的情感。也许像我母亲这样，反而是在没有很多时间陪伴孩子的情况下，才付出了真正炽热的爱吧。

只要母亲的心里时时牵挂着我们，爱着我们，有一颗温柔守护孩子的心，即使和孩子接触的时间少之又少，也一定能引导孩子走向正确的人生方向。

如今，我们迎来了物质富有的年代，我却担心越来越多的父母无法再用心地教孩子——“爱”是一件多么重要的事。

妹妹过七五三节[①]的时候。左上为笔者

我虽然自小任性，但到了小学三年级的时候，身体也长大了，摇身一变成了“孩子王”，几乎每天放学后都会带上四五个孩子回家。

我记忆犹新的是，在八叠间的那张大桌子上，几乎随时都摆放着四五份点心。

有时是十个左右蒸番薯，有时随意放着一些粗粮点心，等等。

明明应该很忙碌的母亲，却总能掐着我从学校回来的时间为我和同伴们准备好这些零食，而且每天如此，从未间断。

当时的我认为这一切都是理所当然的，如今回想起

① 七五三节是日本独特的一个节日，每年11月15日，三岁和五岁的男孩，三岁和七岁的女孩，都要穿上和服跟父母去神社参拜。

来，能坚持日日为我们准备这些，真是一件了不起的事情。

母亲虽然并没有时时刻刻陪在我身边，但对我的关心一直都在。

那些悉心摆在桌上的点心，像某种象征一样铭刻在我的记忆之中。

帮派领导的诞生

“我不要一个人去！”

现在再回头聊聊刚上小学时候的事。

虽然我在家里一向顽皮，但当面对陌生的外面的世界时，我就变得十分胆小怯懦。

昭和十三年（1938）的春天，我开始在家附近的鹿儿岛市立西田小学上一年级。入学典礼结束后，小孩们都各自找到了自己的教室，乖乖坐在了座位上。然后，每个班的班主任老师和大家寒暄打招呼。送孩子来上学的家长们，也站在教室后面一起听。

结束了一番发言后，老师说了一句：“好了，各位家长，请先回家吧！”

我听完老师这话立马着急了，马上回头看了看教室后面的母亲，她可能正担心印刷厂的事，准备马上回去。

我见状，立即从座位上站起来，哇哇大哭地追着母亲跑了起来。虽然能感觉到老师和同学们以及其他家长全都在身后看着我，但我哪儿有心情管那么多，只要想到母亲要把我一个人丢在学校自己回家去，眼泪就流个不停。

母亲该对我有多无可奈何啊！想走却走不了，只好独自一人在教室里我能看得见的角落站着。

时隔多年，但母亲总会一想起来就念叨那件事，对我说："你可真行，一点儿也不觉得丢人。"

那以后，我每天都磨磨叽叽不愿意去学校，还厚着脸皮对母亲说："我不要一个人去上学！"

母亲实在拿我没办法，刚开学的好几天都亲自把我送到学校。到了学校之后，只要看到母亲有要回家的迹象，我就会哇的一声大哭不止。对此，母亲和班主任老师一定都感到非常头疼吧。

有时，春天开始升入四年级的哥哥会不情不愿地拉着我的手带我去学校。

因为我讨厌上学，所以走路总是磨磨蹭蹭的。每当这时，哥哥都会催我，嚷着“快点儿快点儿”，如果我跟不上，最后就会把我一个人丢在路上自己先去学校。于是，我又会“嘤嘤”地抽泣起来，翻来覆去，乐此不疲。

偶尔，和我们住在一起的兼一叔叔会担任起这个责任，用自行车载着哭哭啼啼的我去上学。

不过，和在家里判若两人，一到外面就无精打采的我，学习成绩却意外的不错。一年级期末时拿到成绩单，全部写着“甲”。在甲乙丙丁四个等级中，全是最优的“甲”。

父母非常意外。母亲欣慰地说：“我们的亲戚中，还是第一次出现这么有出息的孩子。”遇到周围的街坊逢人就夸耀。我想，母亲一向那么担心我是个“胆小又缠人的孩子”，那时一定格外开心吧。

“中间派”小头目的心得

刚开始磨磨蹭蹭不愿上学而让家人头疼不已的我，久了也渐渐爱上了学校。随着时间的推移，我交到了一些新朋友，跟大家一起玩耍感到非常开心。

差不多上二年级时，我开始感觉班级就像一个大家庭，变得像在家里一样任性，逐渐展现出自己淘气的一面。前面提到的成为一群孩子的小头目的事，也是从这时开始的。

说起那个年代的游戏，主要是在我家附近的河里钓鱼或玩打仗游戏，尤其是打仗游戏是男孩们一定会玩的。

游戏按照侦探兵、工程兵等分配角色，把用草做成的勋章佩戴在胸前，在那个没有现代这么多玩具的时代，努力动脑开发着自己的游戏。

当然，打架也是家常便饭。

在男孩的世界里，打架的厉害程度决定了在团队里的排位。虽然我算得上是一个小头儿，但并不是班里最大的头儿，顶多算是小派别或中派别的“老大”。

当时我最关心的一件事，就是身为“老大”的自己如何才能一直掌管自己那个派别。我带领的这个小团队，是由我家附近的五六个成绩中下等的孩子组成的。我平时很照顾他们，经常给大家分饴糖或奶糖等。

但这些伙伴也不会一直死心塌地跟着我玩。只要我显露出一点点软弱之处，他们就会毫不留情地转身离去。为了阻止这种事情发生，明知是打不赢的架，我也必须鼓起勇气主动迎战。

但结果是，只要这场架输掉，那些孩子一样会离我而去，想想真是无聊到可笑。

只要发生打架事件，我的跟班要么增多要么减少。虽然还是个孩子，但日子过得波澜起伏，有笑有泪。

也许就是从那时开始，我通过游戏打闹，一点一点学习着如何扮演好一个带领团队的领导者的角色。

成绩犹如低空飞行

虽然刚上一年级我就取得了让父母喜出望外的优秀成绩，但那之后直到小学毕业，我每天耽于玩乐，完全没有把心思放在功课上。

也正因如此，我的成绩一直犹如低空飞行。加之父母并没有批评我，我的玩心也就越来越大。

在我家，完全没有书本这种东西存在。

因为父亲从事的是印刷业，所以家里永远堆满了纸张和印刷品，得益于此，我认识的汉字相对比别人多。

但要说到书本，无论是大人看的还是小孩看的，我们家几乎一本都没有。我以前想，至少漫画什么的父母是会买给我的，但当我去朋友家玩的时候看到别人家的书架上摆放着各种文学全集等，才发现自己家里原来是个例外，这时总会涌起一种掺杂着羡慕的复杂心情。

现在，只要听到从小阅读量大的人说话，总会暗忖，想必小时候的大量阅读对这个人的人生影响深远吧。我深感，自小生活在一个书籍众多、随时有书可看的家庭环境中，对孩子的教育和成长有着至关重要的作用。

童年的我，曾经问过一次父亲。

“为什么我们家没有书呢？”

父亲直截了当地答道：“书又不能当饭吃。”

大概他们不怎么重视学业吧，无论父亲还是母亲，都不会干涉关于学习的任何事。记忆里，即使我的成绩不断下滑，他们也没有训斥过我一次：“好好学习！”

兴许这是由于父母都只有小学文化，而且光顾家事就已经分身乏术了，哪有余力再来管学习的事。

卖和服的母亲

战火摧毁了工厂

1945 年 8 月，日本宣布无条件投降。

历经空袭之后，鹿儿岛也被烧成一片荒原，粮食和其他生活物资都十分紧缺。

这时，我们为了自己能够生活下去而奋战。

在那之前的一年，我中考失败，只好上了国民学校高级科。我怀着沮丧的心情迎来了那一年的年末，竟然患上了当时人人惧怕的“不治之症”——结核病。幸运的是，在一家人一起千辛万苦地度过战后混乱期的过程中，我的病竟不知不觉地痊愈了。

这件事情我准备后面再细说。现在，我想先来回忆一下当时一家人是怎样度过那段时期的。

在战火中，父亲不仅失去了家园，也失去了工厂。所有的印刷机器悉数化为灰烬，根本无法开工。父亲备受打击，状态低迷，做什么事都提不起干劲儿来。

母亲每天苦苦劝说父亲："重新把印刷厂做起来吧！"但父亲就是说什么也不答应。为什么呢？因为开工厂就意味着必须再买一批新的印刷机器，而为了买机器就不得不找人借一大笔钱。

对"即使摸着石头也不愿意过河"的谨慎派父亲来说，伸手向人借钱什么的，绝对难以想象。

据说一向老实的父亲深受周围人的信赖，银行甚至发话说："如果稻盛先生来，我们当然会贷款给他！"但父亲就是不肯点头答应。

母亲想尽办法劝说父亲，但父亲丝毫不为所动，只说："你说的这是什么话？在战争把经济摧残得一片狼藉的时候向银行贷款，要是出现意外，发展不顺，怎么办？"

据说，父亲有时也会这样抱怨："咱们家孩子多，一不小心这个家可能就四分五裂。这种危险的事我怎么能做得出来?”

我想,这对多年以来对踏实能干的父亲寄予厚望的母亲来说,一定是一件特别无奈的事吧。

“我也会工作的,和你一起。我们像以前一样努力吧!”

但无论母亲怎么劝说,最终都无功而返。

存款犹如废纸

本来,父亲是主张把资产用现金存储起来的。父亲小学毕业就开始做学徒给人打工,切身体会过贫穷的痛苦,所以他相信,自己辛苦赚来的钱比什么东西都可靠。

父亲总这样对母亲说:“到了五十岁,我就不工作了,靠银行利息生活!”

虽然印刷业这种生意薄利多销,但据说父亲一直都在一点一点将自己积攒的“养老钱”存入银行。

战争爆发前，在我们家经济尚有富余时，附近有好几家待售的空房子，母亲向父亲建议一定要买下来。

“我们把钱留下一半，另外一半拿来买地或买房子吧！这样就有房子可以出租出去了，如果发生意外，也能补贴家用。你知道吗？最近也有人找上门来，问我们要不要买地或买房。说现在买的话可以抄底价买入！”

因为四处听到有人这么说，母亲每次听到都会心动。

但父亲对此也坚决反对：“说什么呢？房屋什么的是靠不住的，最重要的是手里有钱！”还摆出了自己的一贯观点，“存钱能产生利息，但房子和土地都是产生不了利息的，过多少年也不会变多一点！”

为了这事，父母三天两头就会吵一次架。

然而，曾如此被父亲看重的钱，在战后却因为始料未及的恶性通货膨胀而转瞬化为废纸一般。

雪上加霜的，是所谓的“新日元封锁”。政府发行新的日元，按照人均多少的形式发行新的纸币，旧钱币一下子变得毫无用处。

长年视若珍宝的东西突然变得一文不值，这让笃信“金钱最靠得住”的父亲心灰意冷。

“看吧，我早就说过！如果当时买了房屋，现在多少也能贴补一点家用。都怪你，当时我怎么劝也不同意买！”

我现在还记得母亲冲父亲抱怨的样子。那时，父亲总是沉默地听着母亲的这些数落。

卖盐、卖和服的日子

全家失业，存款也一夕之间化为乌有，可总不能一直这么消沉下去。

父母二人，儿女七人，加上祖父和一个父母双亡的堂弟，我们是一个有着十一口人的大家庭。

结果，一大家子人只好在疏散点住了下来，开始与艰辛生活苦苦作战。父亲靠卖自家生产的盐赚些钱。盐的制作方法如下：切开金属桶，做成锅炉，然后用废材作为燃料给海水加热，在水分蒸发后提取出盐。

除了平常有人来我家购买我们制作的盐，父亲也会拿到农村去卖，换回一些米、番薯、酱油或茶叶等。这些换来的物品，留出足够家用的量之后继续拿出去卖。

母亲也琢磨着如何用她自己的方式养活家人。

当她在思考什么是乡民的必需品的时候，她想到了衣物。于是，母亲带着自己的和服来到市集等地方，把衣服卖给农民，以此换取米粮。

虽然我们在战前算不上什么富贵之家，但也算有些富裕，所以母亲拥有很多上等品质的和服。

母亲把自己的和服卖得一件不剩之后，就去市集买进衣物，再带到农村去，以物换物，换回一些粮食。

母亲向来体质欠佳，肠胃非常不好，身体也比较虚弱。加之她性格温柔，一定要形容她的性格的话，我觉得就是温和敦厚。

但就是这样的母亲，在战火纷飞后困窘不堪的紧要关头，毅然决然地挺身而出，用自己的力量带领家人走出困境。

连续两年，母亲时常跟满车的退伍军人一起在拥挤不堪的巴士上挤来挤去，去往农村。

但我至今也想不明白，原本娇小玲珑的母亲体内，怎么会蕴藏着那般无与伦比的勇敢和刚毅之气。我想肯定是她体内原本就蕴藏着能量，一定是那颗深爱家人的心一直促使着母亲努力奋斗。

某种程度上，可以毫不夸张地说，正是因为母亲拼尽全力的付出，我们一家人最终才没有陷入流落街头的悲惨境地。

即使在这样的境况之下，母亲也让我和哥哥去上学，而且每天早上一定会做好盒饭让我们带到学校去吃。无论多么严寒的早上，她都会送我们兄弟二人穿过崎岖小路，直到走上宽敞的大路。

邻居见状，忍不住劝母亲："有那么多孩子，家庭负担那么重，何苦还要让兄弟俩继续上学呢？"但在母亲看来，既然孩子已经上学了，就一定要让他们读到毕业，这是为人父母的义务。

卖纸袋的小男孩

不顾父亲的反对

昭和二十三年（1948）2月，我们一大家子人离开疏散点回到了原先居住的药师镇生活。因为有人要帮助我们在曾经的废墟上修建家园。

那年春天，恰逢我初中毕业。我告诉父母，我想上高中。

父亲说："你也这么大了，难道看不出来我们家过得不易吗？你父亲我在如今这个世道也找不到什么像样的工作，只能卖点盐。你母亲的和服卖光了，她身体那么瘦弱还每天出去做买卖，还要照顾几个年幼的妹妹。在这种情况下，你只能放弃上高中了！马上给我出去工作！"

我并未就此放弃。因为，哥哥在鹿儿岛实业高中上着学，而且对于父亲没有重拾战前所从事的印刷业的工作，我也很不满。

我对父亲说道："即使家里困难也该让我上高中，这难道不是为人父母应尽的责任吗？旧式中学可以上五年，我还想再读。我一定要继续上学！"

话音刚落，啪的一声，父亲的巴掌就抽在了我的脸上。下一秒，我就被扔出了家门。就这样，我把向来沉默寡言的父亲惹怒到了如此地步。一直坚信只要努力就会得到回报的父亲，大概是被战后突如其来的窘迫生活逼得走投无路了吧。看着家里尚且年幼的孩子们，当然也会对家人的未来充满强烈的不安。

但这件事之后，父亲最终还是同意了我的要求。我终于能够愉快地去鹿儿岛实业高中上学了。父亲卖了从"最后的堡垒"祖父那里继承的土地，用卖地的钱凑够了我的学费。

父亲为了我上学付出了这么多，按理我应该心怀感恩好好学习才是，但刚刚15岁的我意气风发，并没能做到。从入学第一天开始，就又回到了过去和朋友们成天疯玩的日子。

听母亲一席话，终于改邪归正

那个时期，孩子们的游戏世界中，已经看不到战时流行的打仗游戏了，取而代之，流行的是代表和平的棒球。

孩子们所崇拜的，是以“巨人军”的选手川上哲治为首的出类拔萃的棒球运动员，他们是人气超高的全民巨星。虽然那时还没有电视机，但收音机里所播放的他们的英雄事迹，让少年们热血沸腾。

高中放学之后，我每天都会和朋友们打业余棒球，直到天黑才散场。因为没有正式的棒球和手套，打球用的道具都是我们拿身边触手可及的材料临时做的。

棒球是同伴中一个鞋店人家的儿子做好带来的，是由做皮鞋的皮革一层一层卷出来的；接手和一垒手使用的手套（mitt）和普通手套（glove）是由同伴们让自己母亲或姐姐等用抹布做成的；球棍则是用木棒和校舍的窗框做的。善于投球的我，和一个从中学时代就一起玩棒球的伙伴轮流担任投手。因为从“孩子王”时代养成了善于照顾人的性格，分配队员位置自然也是我的责任之一。

这时我还没有想过大学的事，打算高中毕业后就在当地的鹿儿岛银行上班，所以学业全被荒废了。

这样的日子一直持续着，直到有一天，我刚回家就被母亲叫住了。然后，她苦口婆心地跟我说了如下这番话：

“和夫啊，当初为了上不上学的事和你父亲吵成那样，好不容易上成了，如今却只顾天天玩棒球。也许你的那些玩伴们家庭很富有，但我们家却并不是这样啊！家里兄弟姐妹这么多，手头不宽裕，基本生活都难以为继。家里都这样了，和夫你怎么天天一心只知道玩棒球啊！”

从始至终，母亲一点儿也没有责骂我，只是用一种平静的循循善诱的口吻跟我说了这些。

母亲甚至没有让我不要再玩棒球，也没有要求我多帮家里的忙。或许正因如此，母亲的话反而对我影响巨大。我内心涌起深深的歉意。

高中时代，和挚友（右）的合影

而且，这时母亲还背着刚出生不久的幺弟。生完这个小弟的第二个月，母亲就开始挑着大米四处叫卖了。母亲就是这样，日夜操劳地守护着自己的家人。

我明明是家里的二儿子，不仅没能照顾弟弟妹妹，还闹着要求父母送我上高中，到了学校却沉迷于玩乐，根本没把心思放在学习上。

“不能再这样下去了！”

我幡然醒悟，决定自己也要做点什么来帮家里度过危机。

重新开始生产纸袋

我思来想去，最终浮现在脑海中的是让父亲生产装和果子[①]等的纸袋，再由我带出去沿街叫卖。

生产纸袋这事，对我们家来说并不陌生。战前家里开工厂时，也曾用自动制袋机生产过纸袋。那种机器非常好用，先把一捆捆纸张放在传送带一样的东西上，再由机器自动剪裁，一个个纸袋就做成了。

如今，虽然机器已经在战火中化为灰烬，但战前在工厂引进机器之前，一直是雇用附近的大婶们分工合作用手工完成的。所以我想，即使没了那台机器，也可以用最原始的生产方式重新开始生产。

我也看过父亲用手工裁剪纸张，并且一直记忆深刻。记得父亲首先把所有的纸张都放在裁纸刀上，接着一口气把五百张纸全部裁好。在父亲借助身体的重量用裁纸刀一次性切好五百张左右的纸之后，再由大婶们把切下来

---

① 和果子：日本的一种糕点。

的纸张按尺寸分开折叠，最后把周围粘起来做成纸袋。

我向父亲建议：“父亲，我们重新开始做纸袋吧！我来卖。”当然，父亲这一次也没有立即点头答应。

那时，父亲已经借助战前盛极一时的“稻盛调进堂”的影响力，开始勉强从市场买回纸张，然后裁剪纸张。但和战前独立经营不同，现在只是作为副业。

母亲依然隔三岔五地劝父亲说：“他爸，你手艺那么好，何不自己开个工厂从头再来？”但父亲不仅改不了那顽固谨慎的性格，而且战后越发不愿意尝试冒任何风险了。

后来，在我三番五次的央求之下，父亲终于点头同意重新开始生产纸袋。我想，其中还有一个原因大概是父亲看到母亲为了家计四处奔忙过于辛苦吧。

只要父亲决定做，之后的发展就顺理成章了。宝刀不老的父亲迅速找回了在引进自动制袋机之前的状态，毫无保留地投入到了新的生产工作中。父亲的技艺还是一如既往的精湛。

母亲负责黏合纸袋，她那灵巧的手艺也让我刮目相看。

不久之后，就需要请周围的妇女们来分担黏合纸袋的工作了，生产纸袋的业务日渐步入了正轨。

集市上的大名人

我负责把父母和大婶们做好的纸袋拿出去卖。

记得那时生产的纸袋大概有大大小小十来种尺寸。我把这些标有“稻盛调进堂”的纸袋二三十个分为一叠，放入竹篮或大筐之中，再往自行车的货架上一放。

和如今设计精巧的自行车不一样，那时的自行车非常注重实用性，所以货架非常大。但如果纸袋放得过多，货架就会过重，骑的时候自行车的前轮就会腾空。

虽然从小学以后一直被人称作“孩子王”，但性格中还残留着从前的腼腆和怯懦。加之那是我第一次出来沿街叫卖，刚开始的时候非常害羞。记得那时最讨厌在路上遇到熟人，要是在进某家店时看到与自己年龄相仿的女孩，还会尴尬地掉头逃走。

我一直清晰地记得，当我去认识多年的卖粗点心的老婆婆那里卖纸袋时，心情是最平静的。

起初，我无论看到什么店都会闯进去问："您好，请问需要纸袋吗？"但我很快意识到这样做的效果很不理想。于是，我决定制定一套适合自己的"作战方针"。这个方针就是，把鹿儿岛市内分为七个区。

为什么是七个区呢，因为一周有七天。我定好星期几在哪个区活动，比如周一在这个区，周二在那个区，这样按照固定日期对应固定区域的方式编好轮班顺序。

事实证明，这个方法是正确的。因为这样一来，商家就能知道我哪天来，这让订货方便很多，纸袋的销售额不断攀升。

那段时间，每天下课后我就直奔回家，一到家就蹬着自行车出门卖纸袋。周日也不休息，一早就出门去做生意。

一段时间后，渐渐有了一些回头客。没用多久，我不仅跟大型果子店的老板混了个脸熟，连小胡同里粗点心店的老板也全都认识我了。

那个阶段，到处还都有市集，在鹿儿岛市内只算大规模的就有五六处。在这些市集，我认识的人也越来越多。市集最大的好处就是可以卖出大单。

无论走到哪个市集，一定会遇到掌管这个市场的颇有威信的大婶，一看到我，她们就会大喊："小孩，来得好！来得好！"然后把我的纸袋抢购一空。偶尔，当她们看见我的自行车货架上还有卖剩下的纸袋，都会热情地说："今天就全搁这儿吧！"就这样，我的纸袋卖得一个不剩。此外，她们还经常把我介绍给其他大婶。

大家亲切地叫我"卖纸袋的小孩"，这说明我在这些大婶之中还算有那么一点人气。

了解流通的规律

时日久了，即使是我初次踏入的店面，店家也对我早有耳闻。

一天，当我蹬着自行车去往下一个目的地的时候，店铺前面一个大婶叫住了我，说：“就是你吧？卖纸袋的小孩！”

这位大婶经营的是一家果子批发店。她说，鹿儿岛县下的各个市镇村里的糕点铺都到她这里进货，生意做久了，那些人提出“希望能同时买到装果子的纸袋”，与果子一起买进。

大婶对我说：“我们店就从你这儿进货好了！”这样，我轻而易举就能卖出几倍于平时的量。

那时我还不知道，世界上有一种生意叫批发。所以感慨不已：“原来如此，还有这种做生意的形式啊。”于是，我满心感激地接受了大婶的提议。

很快，我们的交易就开始了。我先把纸袋按照不同尺寸送到这家批发店，如果货不够就追加补充。

于是，我家的纸袋销量大增，跟当初挨家挨户推销相比，简直发生了质的飞跃。在那之前，我需要花上一天时间才能卖到的纸袋数量，这家批发店一次性就完成了。

虽然价格被压低了些，但这部分价格差完全可以用销量来弥补。更重要的是，我对批发这一商业形式，有了切身的体验，这是难能可贵的重要经验。

没过多久，别的批发商听闻这桩生意后也找到我，“喂，小孩，听说你在给那家店批发纸袋，给我家也带点货来吧”！就这样，这些商户也在我家预订了同样的纸袋。

蜂拥而至的订单让我和父亲忙得不可开交。据说在我开始卖纸袋之前，鹿儿岛市内的纸袋都是由北九州的大批发纸商大户承包的。听说，我只用了一年时间就把这家纸商赶出了鹿儿岛。

人生中第一笔生意

如今想来，行商卖纸袋，是我人生中第一次接触生意。当然，关于经商之道我一窍不通。我想，哪怕稍微懂一点什么是成本、售价、盈利等，一定能让销售数字变得更漂亮。

当时的我，不懂什么是成本，价格什么的全都和父亲商量决定。而且，只要市集的大婶们说一句：“再便宜点吧！”我就无法拒绝，只好降价出售。

傍晚回到家，我把卖纸袋的钱装进信玄袋[①]里交给父亲。因为算账全部由父亲做，所以我也不知道一天下来是赚是赔。但我想，当时的生意那么顺利，销量也那么大，应该赚了不少钱吧。

父亲总是高兴地把钱从信玄袋里拿出来，一张一张地抚平，接着开始全神贯注地清点起当天的账来。

进入第二年，我越来越迫切地希望增加一些人手。于是雇了一个刚初中毕业的男孩来帮忙，他比我小两岁。

为了他，我又买了一辆新自行车。那辆自行车在当时高达一万多日元，换作现在，大概相当于买了一辆轻型四轮车。

然而，本来有“有自行车可骑”这么好的雇用条件，谁会料到那个家伙竟然不会骑车。我只好每天在家附近的学校操场从后面推着帮他练习。

两个人一起四处跑生意的生活持续了一年左右。后

---

① 信玄袋：一种布制提包，平底，封口处系绳。

来，我上高三了，要把这份工作停下来，因为需要开始考虑上大学的事了。

那时，哥哥已经在日本国营铁路上班。但正巧那段时间他的身体出现了问题，因为这个难得的好机会，哥哥开始帮我做卖纸袋的工作。当哥哥对这份工作越来越熟练的时候，我就把自己的工作全部交给了他和雇来帮忙的男孩。

那之后，哥哥被当时从我家订货的一家果子批发店的老板看中，问他："要不要来我家上班？"于是哥哥又开始专门经营这家批发店。

人生就是这样，永远不知道前方等着你的是什么。

第贰章

从父母那里继承来的东西

相得益彰的夫妇二人

两个性格截然相反的人

如果有人问我，人生中对我影响最大的人是谁，我可以毫不犹豫地回答：“是父母。”

虽然两人都只是小学毕业，但他们都是极好的人。

父亲是一个沉默寡言的慎重派，正义感很强；母亲则外在性格爽朗，内心坚毅，关键时候能够挺身而出。两个人的性格可以说是截然相反的。

我自己则继承了双方的性格。

能成为一个做事可靠的企业家，这一点遗传了父亲。尤其是我还继承了父亲特别讨厌借钱这一点。

同时，母亲对我的影响也很大。比如即使遭遇逆境也能保持积极乐观的心态，这正是母亲遗传给我的。

除了性格，我甚至觉得母亲能想到在市集订购和服，再拿去农村进行物物交换，其实是因为她天生就拥有经商头脑。在战前向父亲提议先买一些房屋和土地以备不时之需，这一点也能看出母亲具备商业眼光。

童年时期的我，从来没有想过自己会成为一名经营者。但现在看来，母亲身上流淌着的血液，在我的事业经营中大显身手。

我完全继承了母亲身上的善良、勇敢、刚毅等品质，而这些品质在管理企业的过程中发挥了至关重要的作用。

父母二人的优点集于我一身，我真是无比幸运。想到这里，我对二老的感激之情不禁涌上了心头，不知不觉中朝着早已离世的父母作起揖来。

父母的婚姻

父亲畩市出生于明治四十年(1907)。家中一共兄弟四人，父亲为长子，下面有三个弟弟。

住在乡下的父亲一家，从某个时候开始搬到了鹿儿岛市内居住，然后把父亲送去了印刷厂做学徒。大正七年（1918），父亲年仅11岁，正是正常情况下应该刚刚从小学毕业的年纪。

为了贴补家计，父亲开始拼命工作。生性踏实的父亲默默无闻地工作着，在工作中一丝不苟，渐渐得到了很多来自他人的信任。

我的父母于昭和三年（1928）成婚，那一年父亲21岁。原因是父亲20岁时，他的母亲也就是我的祖母与世长辞，年仅47岁。

父亲的父亲，即我的祖父七郎，第二年提出要再婚。但在七郎再婚之前，最好家里有一位能帮助照顾弟弟们的年轻儿媳妇，于是决定让作为长子的父亲先结婚。

这位儿媳妇，就是我的母亲纪美。母亲小父亲3岁，刚刚18岁。母亲身材娇小窈窕，父亲高大英俊。据说母亲总听到别人对她夸赞：“你家先生真是个美男子啊！”对此母亲一直觉得很骄傲。

那一年，父亲的三个弟弟一个16岁，一个上小学四年级，一个刚上小学一年级。虽然家中希望母亲能代替他们的母亲来照顾他们，但对年纪轻轻的母亲来说想必一定十分辛苦。

那时，七郎在外行商，但好像赚来的钱一分也不会给家里，只顾自己过得悠哉快活。七郎是这副德行，弟弟们的学费自然只能由父亲来筹措。

所以家里那点微薄的刚够维持生计的钱，都被母亲一分掰成两半花。

母亲生来善于照料人，并有着不把艰苦当艰苦的坚毅性格。既要承担家事，又要在百忙之中照顾几个弟弟，但她依然乐观开朗，甚至还能在工作上帮父亲分担一部分。

后来，父母的孩子一个接一个地出生了。昭和四年（1929），哥哥利则出生，昭和七年（1932）我出生了。听说我出生的时候父母竟然忘了向政府上报，可以想象当时的父母有多繁忙。

在武士的宅邸街购买房屋

我出生两年前的昭和五年（1930）是“世界大萧条”的一年。

日本经济也十分不景气，印刷厂一家一家地倒闭了。父亲做学徒的印刷厂好不容易艰难地挺了过来，父亲也正是在那个时候开始经营自己的工厂，独立了出来。

保守谨慎的父亲，为何能做成这件事呢？

当然，这绝对不是他自己的想法。其实我前面也有所提及，这是因为有一家批发纸商大力劝说父亲自立门户。批发纸商的工作是给印刷厂提供纸张，如果合作的印刷厂倒闭，他们为了收回债权，只能拿对方的印刷机器充数。但即使拿印刷厂的机器抵押，批发纸商也对收回来的机器束手无策。

当时，这家批发纸商看中了一向埋头做印刷工人的父亲，所以提起了（让父亲开印刷厂）这件事情。

“这样，我现在把印刷机器借给你，你自立门户开一家印刷厂吧！”父亲以没有钱为由拒绝了对方。但批发纸商继续劝说道：“没事，这一点你不用担心，钱慢慢还给我即可。”

因为有着如此深信父亲的批发纸商的好意，父亲的印刷厂才得以开业。那时我们一家住在一处被当地人称作“岛津住宅”的住宅街上。那是岛津藩的下级武士们居住过的地方，位于一片广阔的田园地带。在过去长达七百年的时间里，岛津藩一直统治着萨摩、大隅、日向这三州。

在岛津住宅区，漂亮的绿篱之内，一排排宏伟的房屋鳞次栉比，居住着当时所谓的“士族”们。

正当父亲开始经营自己的印刷厂的时候，隔壁的一家房屋空了出来。因为没有合适的买方，所以那家人请父亲买下来。

父亲虽然嘴上说着“我不打算买房子”，但对方一直找不到别的买主。据说，最后父亲提出了自己的要价，经过商量，终于成交。也因为家里的事业逐渐上了正轨，所以才决定买下。

之后，把之前一直居住的房子改建成了工厂，一家人搬进了新买的房子里。而这个新家，就成了我记忆最为深刻的家。

“不贷款主义”乃父亲的遗传

在那之后，父亲的工厂陆续引进了活版印刷机械、自动制袋机等新型机器，业务范围不断扩大。

这些机器都并不是父亲自己想要的，而是那些把父亲的踏实勤奋看在眼里的人们热情劝说父亲：“等你有钱的时候再慢慢把钱给我就行！”最终都是父亲在半推半就中勉强引入的。

因为那样的性格，虽然有人主动将钱借给父亲，但父亲从未主动开口向人借钱。如前所述，这种小心谨慎的性格也遗传给了我，所以我在企业经营中坚持“不借款不负债”的信条，京瓷株式会社从创建之初开始就零负债地一路走了过来。

我人生中能想起来的唯一一次算得上借钱的经历，

就是京瓷创立初期，曾从一位名为西枝的先生那里筹措了一笔开工资金。事实上，我之所以能创立京瓷，也多亏了与西枝先生这位贵人相遇。

至今，在京都御所附近还有一座恢宏的西枝大宅。那时，正是由西枝先生用那宅邸作为担保，向银行贷款了一千万日元。这是何等难能可贵的恩义之举啊！但我却因此内心焦灼不已，想尽办法尽快把钱还给人家。

刚刚建立起来的京瓷根基未稳，不知道哪一天就倒闭了。万一倒闭，对我恩深义重的西枝大宅就会被银行没收。绝对不行！无论如何我一定要早日把钱还给银行，于是日复一日地拼命工作。幸运的是，按照开业第一年的盈利规模，只需三四年就能还清全部债务。

年轻的我尚不知这件事情有多艰难。我后来才知道，企业盈利的差不多一半都要交纳税金。关于这件事，我愤懑不已。

看到我这样，西枝先生笑着对我说："不要那么在意！这钱你不还也不要紧。你只要发展好事业就能赚取利润。这样的话，只需支付利息，就能从银行接受新的融资，继续扩大事业，到那时候再把本金还回去就可以。所以不要为钱没还完而一直地焦灼下去了！”

他还说：“一个企业家本不该如此。借了钱就满口‘还钱还钱’念个不停，怎么成为大企业家？若是这样，即使再成功的技术人员，也无法成为一名成功的经营者。”

但不管西枝先生怎么说，我心里就是放不下，一心想着还钱的事。我拼命苦干，最后终于千方百计地还清了债务。

自那以后，京瓷不仅实现了早期的无贷款经营，如今还成了一家在财务方面拥有足够留存利润的企业。我想，这一点也是从父亲身上遗传而来的。

劝母亲不要一次买太多

还有一件事，能证明从父亲那里遗传而来的性格对身为企业家的我产生了巨大影响。

父亲的家乡，原是距离鹿儿岛市内12千米左右的农村。当父亲和家人从农村搬到市区之后，老家仍居住着很多务农的亲戚。这些亲戚每天都会来市区，用大巴车装着或用天平秤挑着蔬菜及各种各样的农作物，进城销售。

乡间的阿姨们到了傍晚就会回家，但是如果有卖剩下的东西，带回去又太重，就一定会存放在认识的人家里。

我家稍微离市区有一点距离，正好位于这些阿姨们回家途中的路边，所以远房亲戚的大妈们经常找上门来。“纪美啊，在家吗？今天可以把东西放在你家吗？”有时，甚至不是亲戚的人也会到我家来。

母亲每次都一边贴心地说“今天真是辛苦了”，一边端出茶水或点心招待她们。

乡里来的阿姨们一定知道母亲向来贤惠善良吧，所以经常拜托母亲买下她们卖剩的蔬菜。“纪美啊，今天就剩这些了，我便宜点卖给你，反正带回家也没什么用。”

母亲心怀悲悯，说：“啊，当然可以！放在这儿，赶紧回家吧！”就这样买下所有蔬菜。

随着季节变化，买下来的蔬菜有时是芋头，有时是萝卜，有时是红薯。

母亲心里应该也想，她们都是父亲的远房亲戚，何况价格也确实低。因为那时还是战前，我家的印刷厂还算生意繁荣，家里经济也尚且宽裕。而且说到底，母亲本就是一个生性善良的人，不会放着有困难的人不管不顾。

当时还是小学生的我，每天耳濡目染着母亲的这些善行，内心不禁感慨："真是每天都在做善事啊！"这样，既能让农村的阿姨们开心，母亲也顺便能买一些便宜的东西。我看在眼里的，尽是两全其美的好事。

可到了晚饭时，父亲看到厨房堆满了蔬菜，气不打一处来："真是，又买了这些没用的东西！"父亲沉默寡言，性格憨厚，我很少看到他如此怒火冲天。

母亲不甘心地回道："还不是因为你那些远房亲戚，特意来我们家。而且这些蔬菜的价格比市内的菜店便宜不知道多少，我这才买下来的。你有什么好抱怨的！"

母亲这么说完，父亲只好压抑怒火，继续沉默不语。

这种事情，我不记得发生了多少次了。

就像母亲所说，我怎么都想不明白为什么父亲会如此大动肝火。

吃不完的芋头去了哪儿

事情的真相，我是夏季的某一日才知晓的。

那天，我放学一回家就看到母亲在院子里挖什么东西。原来，母亲经常把从农家的大妈们那里大量买来的吃不完的番薯和芋头埋在那里，为了能保存得长久些，还会在上面覆盖上一层土。那天，好像是准备挖出很久之前埋的番薯。也许是一个人不好挖，于是叫来了女佣帮忙。她们一起手持大铁锹，“嗨哟嗨哟”挖了出来。

土里挖出来的番薯，每一个都伤痕累累。母亲又是一阵抱怨：“哎呀，哎呀，糟了。怎么烂成这样了！”

接着母亲拿来了笸箩，把粘在挖出来的番薯上的泥土刨去，再用菜刀将烂掉的地方一点一点削掉。最后，原本很大的番薯眼看着就变成很小的一个了。

母亲口里失落地埋怨着："哎，全都没用了啊！"但还是很快就打起精神，用大锅烫起了一堆面目全非的小番薯。

然后，母亲把松软热乎的番薯满满地装进竹笸箩，对我说："来，去拿给朋友们一起吃吧！"

一直是"孩子王"的我，真的叫来了邻里居住的伙伴们，得意扬扬地把满满一笸箩番薯分给众人。最后，大家吃饱了，心满意足地回去了。

看着这些孩子们开心的模样，母亲脸上也现出了满足的色彩，心想："还算是做了件好事！"

现在需要多少就买多少

在工厂百般忙碌的父亲，并不是总能亲自监督母亲的这些行为。但只要稍微想想，就能够察觉一二。

我也是在那个夏日之后，才明白了父亲之前之所以怒不可遏的缘由。父亲说的没错：“就知道便宜，但便宜又有什么用！”总之，父亲一直劝母亲“不要因为买便宜货而浪费钱”。

童年时耳濡目染的这些事情，让我学会了一件事：人通常觉得大量买入价格就会便宜，但事实却并非如此简单。

人的心理是非常有趣的，例如只要听到“一次性买五升酱油就便宜”，就会不知不觉地买下。再因为多得用不完，所以故意每次加大用量，或觉得反正有很多，全不珍惜，造成不必要的浪费。

反之，如果只买当时所需的量，就会加以珍惜，不会随意浪费。因此，如果现在只需要一升，就应该只买一升。我把这称为“买一升”，并且在京瓷的管理过程中严格恪守此原则。

也许有人会觉得我这么做很愚蠢。但我坚信这是一种非常有效的做法。至少，如果不成批购买，就不会出现库存。

有了库存，就必须要有仓库。这样一来就要花仓库费及仓库管理员的人力费，还要支付利息。但只要没有库存，仓库费和利息就都不需要了。

因此，必要时买下必要数量的东西，这样就避免了产生不必要的后续支出，总体上还是便宜。

京瓷集团一直把“买一升”，也就是当场现金购入作为基本准则。我想，这在各大企业之中，应该非常少见。

当然，这并不是说母亲的做法完全是我的反面教材。

不瞻前顾后，心里只想着帮助眼前有困境的人，在我看来，这是对一个人来说最最重要的“利他”之心的来源。

正是因为有了这种“利他”之心，才造就了我为社会、为他人而常行善事的待人处世的根本。

所有做人的法则、重要的人格，都是母亲在世时，用自己的亲身行为一点一滴教会我的。

正直理性的父亲，贤惠体贴的母亲，我想，这两个人，真是天造地设的一对夫妇。

士族身上的木刀气概

萨摩的乡中教育

我出生的鹿儿岛，过去的萨摩藩，在曾经长达七百年的时间里都处于岛津氏的管辖之下。

岛津氏为了把家臣的子弟培养成萨摩武士，制定了“乡中教育”制度。随着时间的流转，萨摩变成了鹿儿岛，但直到第二次世界大战之前，这里的男子教育还残留着“乡中教育”之流的风气，像空气一样挥之不去。

男尊女卑的思想，现在想来是不可思议的，但那时却如真理一般存在，连用盆洗衣服或用竹竿晾衣服，都一定会按性别分开。

与之相应地，男子被认为是“到危急关头可为国征战”的存在，男子们也对自己的使命心中有数。

西乡隆盛和大久保利通也是接受过“乡中教育”的萨摩男子。

西乡隆盛是我衷心敬佩的一位人物。隆盛的为人之道、生存方式、思维方式等都对我产生过巨大影响。

我认为西乡隆盛是一位十分卓越的领导者。他拥有绝妙的人生哲学，对他人怀有深沉的爱，对国家的发展之道也留下了许多意味隽永的言辞，无论是他的朋友还是敌人，都对他尊敬有加。

京瓷集团的社训“敬天爱人”，就出自西乡隆盛之口。

有本事跟我打

如前所述，我们一家所居住的工厂，位于被称为“岛津住宅”的岛津藩时代以来的武士家住宅区内。

我尚且年幼时，也就是昭和初期，那一带依然残留着萨摩藩的风气和封建社会的阶级思想。

我还记得那时在学校的签到簿上，还有一栏专门区分“平民”或“士族”。从前在萨摩时期，人们认为“没有士族，就没有萨摩藩”，那时也依然残留着这样的旧风气。

我的父母都出身于乡下，自然不是士族。但由于在印刷业也算是小有成绩，所以在一次机缘巧合之下买入了这里的房屋。

我们家周围全是岛津家时代武士的宅邸，他们有着身为士族的骄傲。所以不难想象，当得知附近搬来了一家出身乡野的人经营的印刷厂，他们会有什么样的排斥……恐怕母亲和邻里相处时也背负着巨大的心理压力吧。

我却一直纳闷，为什么附近每个朋友家里都有刀，而我家却没有呢？虽然我一直对朋友说“我是士族”，但祖先的名字和族谱等具体证据一个都拿不出来。因此，我的内心也焦躁不安。

在这些人中，也有人把我当作“最下级武士之子”而百般轻视，对此别提我有多愤懑了。我体内那股不服输的劲儿，应该也源于这些经历。

有一件事，虽然现在记不清是哪个亲戚讲的，还是直接从父母那里听说的，总之我记忆非常深刻。

那时父亲和母亲刚成婚，父亲最小的弟弟还在上小学，一直和我们住在一起。一天，父亲这个最小的弟弟满脸是血地回到了家。

在离我家两条街左右的地方，住着一个在旧制七高上高中的学生。听说父亲的弟弟在那个学生家附近玩闹时，那个七高的学生大嚷着："吵死了，我都没法学习了！"话音未落就冲了出来，朝他脸上疯狂殴打。

一听完这事，母亲毅然决然地让父亲去和对方理论。

但父亲天性敦厚，只知道不断斥责自己的弟弟，说："一定是因为弟弟吵得特别厉害！"

母亲左等右等，终于还是沉不住气了，就自己拎起了一把木刀，牵起叔叔的手冲进了对方家中。

一进玄关，母亲就大吼一声："喂，给我出来！"然后提高嗓门冲那个七高的学生抗议道，"上着七高这么好的学校，应该是既有教养又有学识，竟然因为一个小孩子只是玩闹了一下就把他给打成这样，算什么本事！简直不可理喻！有本事来跟我打。”

每当想起此事，内心的激动都会不自觉地涌出，让我对母亲刮目相看。

那个待人温柔、一次都没有骂过我们兄弟姐妹的母亲，到底是怎么说出那样的话的呢？

这个故事说明了母亲所具备的强烈的正义感和勇敢之心。我想，背后一定不止这一件事。

这个七高学生家里是开邮局的，想必他家里一定是历史悠久。而且住在岛津住宅一带，当然也是出身士族。

母亲此举，恐怕除了出于小叔子被人打的愤怒之外，还掺杂了其他情感。一定是一想到在小叔子被打时，那个七高学生冷漠的态度和所说的那些歧视性的盛气凌人的语言。

这背后还有一点原因，就是母亲平时因为自己所受到的歧视而心怀愤怒。

生来温柔又重感情的母亲能说出那样的话，一定是由于母亲体内蕴藏着强烈的正义感。母亲无法容忍阶级歧视和违背道理的事情。她就是这样一个对于此类事情有着极度洁癖，会奋不顾身起身反抗的人。

而我则完全遗传了这一点，对于不合理、不讲理的事情，极其厌恶。这也从最初一直支撑我至今。

母亲的武士精神和经商头脑

我自己也有这样的记忆。

上小学之前，我一直胆小懦弱，可上小学之后，和朋友打架回到家的情况就越来越多。

当我在打架中输了，受了伤，或哭着回家时，母亲一定会开口问我理由。如果我回答说："我觉得自己是对的，所以和对方吵了起来，可最后还是输了。"母亲一定会责备道："既然觉得自己是对的，为何要哭着回来？"

而且她一定会就近找一个靠在墙上的笤帚或别的东西塞给我，边塞边说："再去把对方打一顿！"然后就要把我赶出门。要是我犹豫一下，就会被她敲脑袋。

当时的鹿儿岛，还残留着男尊女卑的风气。据说有很多家庭对外宣称是男人当家，在外面尊重男人，但其实有很多妻子个性强势，在家庭内部握有实权并一手掌管家事。也许我母亲就是一个这样的典型。

对孩子也一样，母亲要求我们尽量去挑战对手。虽然身为女人，但可以说母亲身上也有着“武士精神”。

不仅如此，正如我之前所写的，母亲还具备超乎常人的经商才华。比如她曾想过买一些空房以备不时之需，在战后的混乱期致力于市集上物物交换的生意。可以说，在经商头脑和行动力上，母亲要比一味谨慎行事的父亲高明得多。

在家里经济穷途末路的时候，母亲也会要求孩子们帮助做生意。在我的母亲身上，兼具着那时的鹿儿岛不可能同时存在于一个人身上的两种品质——“武士精神”和“商业才华”。

“不公平的老师”

明明是理直气壮地跟人争吵，最后却哭着回家，绝对是不对的。平常敦厚老实的父亲，也跟母亲的观点一致。

父母都是心胸宽广之人，只要我认为对的事，他们都无条件支持。

六年级时，发生过一件事。那一年，我们换了新的班主任。我至今还记得，那个新来的老师面色苍白，给人感觉阴沉沉的。

每年夏天，都会进行家庭访问。老师定好哪一天走哪片区域，依次走访。这一天，到了来我家这个区域的时候了。

到了放学时间，老师带着我们家附近的十来个孩子一起出了学校。然后一家一家地走访，每送一个孩子回到家，老师就会和那个孩子的父母聊一会儿。

因为我家是这群孩子中最远的，所以我一直跟着老师走。老师去的基本上都是平时我的那些跟班的家，他们成绩都不怎么好。

一行人中，只有一个同学跟我们不一样。他成绩优异，乖巧懂事，长得也好看，是大家口中所谓的“乖乖男”。

老师去的第七家就是这个孩子的家。这是一座非常漂亮的房屋，我和其他同学站在精心修剪的篱笆外等老师出来。

可我们等啊等，老师却迟迟没出来。虽说是边玩边等，但我们还是感到炎热难耐。

到底在干什么啊？我们忍不住悄悄推开玄关门往里偷看。你猜怎么样？老师竟然悠闲地坐在坐席上，一边享受着主人端来的茶水和馒头，一边和那位穿着华丽和服的母亲聊着些什么，完全看不出要结束的意思。

见此情景，我瞬间怒火中烧。之前我们去的几家蔬菜店和理发店，老师都是站在店里简单聊几句就草草结束的。

身为一名教育工作者，明明应该在所有孩子家里都一视同仁，这样大的落差也太不可理喻了！

最后，到了我家也是一样，老师果然只在玄关门口象征性地坐了一下，简短聊了几句就离开了。

守护“正义”之战

这次之后，我又发现了很多老师待人不公的事情。

上课时，对那个“乖乖男”，老师会走到他的课桌前耐心教导，但对我们这些“混小子”，通常只会大吼：“这么简单的东西都不懂，笨蛋！”

这时候，从母亲那里遗传来的、看见不合理的现象就想奋起抵抗的正义感，在体内不可遏制地涌了上来。

必须为了正义奋起抗争，出于这种欲罢不能的心情，我不久就将矛头指向那个“乖乖男”。虽然现在想起来当时的行为无比幼稚，但对于满腔怒火的少年来说，这个“乖乖男”也只是一个臭不可闻的“助纣为虐之人”。每天放学后，我都会抓住这个正准备回家的“乖乖男”，对他加以“收拾”。

“喂，我可是看清楚了哦！你母亲在老师去家访的时候对老师点头哈腰的，还招待了很长一段时间！所以老师才会随时都对你关照有加。作为一个男人，你难道不觉得这种行为很卑鄙吗？”我的小跟班们也纷纷点头称是。

“老师没有特别关照我！”“乖乖男”每次都一边这么说一边哭着回了家。

事实上，在我的内心，多少有些嫉妒。

“乖乖男”不仅成绩好，家境也富裕，还住在那么气派的宅邸里，母亲穿着漂亮得体的和服。

与此相比，我呢？

虽然我非常爱自己的母亲，但她总忙于印刷厂的工作，不穿优雅漂亮的和服，也不太管我的事。这些跟其他孩子都一样。

有一天，我们依次被老师叫了出去。最后一个是我。

我做好了心理准备：“恐怕是为了那件事吧！”果然，到了地方，老师劈头盖脸就是一顿骂。

“稻盛，我都听说了！是你每天带着人欺负同学的吧！人家母亲非常生气，质问我为什么自己的孩子要这么倒霉。我告诉你，光说对不起是不顶事的！”

没等我想好如何回答，他接着训斥道：“那孩子和你们不一样，他很懂事，成绩也好。你究竟为何要欺负人家？”

我理直气壮地脱口而出：“因为他总有特殊待遇。”

抵制不公

这句话激怒了老师。“什么！你这是什么意思？”

“家访的时候您在他家待了很久，但在其他人的家里都只待了一小会儿。”

“混蛋！学生不同，所需的时间自然不同。他母亲担心自己的孩子过于老实，所以跟我谈了谈。”

“在教室也是。我们只要说哪里不明白，一定会被您骂。但您从不对他发火，总是耐心教他。”

“住嘴！你这就是对他有成见！”

“住嘴”是萨摩的上司或长者在跟人对谈时经常用

来训斥的一句话。

我还是不放弃："不，是您偏心。"

下一个瞬间，老师的拳头就飞了过来。我一个踉跄，他拎起我的后颈，顺势又给了我三四记耳光。我直接被打倒，躺在了地上。

放到现在，这就是赤裸裸的"体罚"，可能算作社会问题，但当时这很普遍。我那逆反的态度，确实也令人难以容忍吧。

但当时的我，内心充满了"正义感"被无情践踏的不甘。我内心抗议着："我没错，错的是老师！我是为了正义而战！"

这时，老师对我说了最后的一句话："这次的事件，我会写入你的成绩报告单里。最好做好心理准备，以后没有哪个学校会收你。"

事实上，最终老师在我小学六年级的毕业成绩册上写的全部都是"乙"。

正确的事皆能被认可

事后，母亲被叫到了学校，把我领回了家。老师甚至对母亲说：“稻盛是我们学校开校以来最坏的孩子。”

母亲备受打击，想不通为何在家里从不跟兄弟姐妹吵架的我在学校竟然会做这种事。

回到家，母亲小声对父亲说着话。接着，我就被父亲叫了过去。我吓了一跳，紧张地挺直了身体。

我心中有数，父亲虽然性格温厚，但今天这事肯定会大骂我一顿的，就算拳脚相加也不在话下。

“和夫，过来，今天到底发生了什么？”父亲终究还是用了跟平常一样稳重的口吻。

终于安心下来的我，一口气把对老师偏心行为的不满统统发泄了出来。“身为一名教育工作者，却独独偏袒某一个孩子，实在是岂有此理。根本就是老师的错！”

父亲一言不发地听着。想必父亲也能够想象到吧。

“那孩子一定出身士族吧！老师一定是把平民的孩子和士族的孩子区别对待了。”

看我说得差不多了，父亲才缓缓开了口：“你是不是觉得自己做了一件好事？”

“是，我没打算做坏事。”

“你认为这么做是对的，对吧？”

“是的。”

“是吗？”

说完这句话，父亲再没多说一个字。我想自己似乎安全了，内心一阵窃喜。

原本以为父亲一定会火冒三丈的，没想到他竟认可了我的正义感。

父亲相信我，其实言外之意就是在教育我：“所谓男人，就必须要把自己认为对的事情坚持到底！”

父亲提都没提“好歹也要想想父母的面子”之类的话，也没有说：“这事写入了你的成绩报告单，万一上不了中学怎么办？”

只有短短的一句：“是吗？”这短短的一句，犹如一向沉默寡言的父亲在对我说："我支持你哦！"

正确的事情，一定能得到认可。那时父亲给予我的肯定，现在也深深地存留在我的脑海里。

第叁章

“正确做人法则”之基础

判断基准之根本

神明在看着呢，在看着呢！

在我27岁开始经营京瓷这家企业的时候，我既没有经营经验，也没有经营知识。身边的亲戚朋友之中也没有一个有管理公司经验的人，所以一点可以参考的东西都没有。

于是我决定在做每个决策的时候，都以一个判断基准来衡量——那就是父母曾教会我的“坚持正确的做人法则”。毫不夸张地说，我就是用这唯一的标准经营起了京瓷。

直至今日，我依旧觉得自己做得很对。后来的KDDI、日本航空莫不如此。我一直坚持的，只有这一件事。

父亲和母亲都只念过小学，所以不可能用知识教育我们这些孩子，而一直都是用心在培养。

在他们二人心中，明确区分“什么是做人法则，什么是违背法则”，也就是坚定地存在着道德感和伦理观。

父母都是老一辈人，这些观念之根本，应该十分淳朴。大概这就是某种“虽然眼睛看不见，却一直守护着我们”的精神吧。

母亲经常对我们说：“你们都不是干坏事的坏孩子。但每当一个人独处的时候，就什么都想得出来，什么都做得出来，所以必须警惕。一个人的时候是最可怕的。但要记得，神和佛一直在看着我们，无论身在暗处还是哪里，都必须站得端行得正。”

母亲还说：“即使独自一人，也一定要想着神和佛一直在看着自己，然后再行动。心中有疑惑时，也要告诉自己——神和佛在看着我呢，神和佛在看着我呢！”

母亲的教诲深深铭刻在了我心里。即使一人独处时，我也从没做过坏事，真是不可思议。

“南无、南无，谢谢！”

提起父母深信神佛之心，我又想起另一件事。四五岁时，我曾被他们带去“隐秘念佛”。因为在鹿儿岛，父母信仰的净土真宗，曾在德川时代受到萨摩藩镇压。

于是，在这样的时局之下，深信宗教的人只好去往深山中跟僧侣一起悄悄念佛，并参拜本尊。这在当时被称为“隐秘念佛”，据说是这一代历史上流传下来的宗教仪式。

在父亲的家乡，不同于这种宗教历史，我总觉得他们在用“对看不见的事物的敬畏之心”“对万事万物的感恩之心”的观念教育我们。

我们和好几组其他家庭的大人小孩，一起爬着昏暗的山路。记得那时只能循着灯笼发出的光，拼命追赶默默走路的父亲。我总觉得被某种神秘的气氛包裹着。

登到山顶有一间房子，在这间房子里，和尚给大家递上经书。在烛光摇曳的昏暗房间里，大家和这个和尚一起念诵“南无阿弥陀佛”祈福。

念诵结束之后，和尚对孩子们说：“下次再来！”

然后转身单独对我说：“你就到今天为止，以后不用来了。记得要日日念着‘南无、南无，谢谢’，心怀感激地生活下去。”

那位和尚还对父亲说：“这个孩子不用再带来了哦！”虽然我不清楚具体原因，但还是觉得十分自豪。

对了，“南无”是“南无阿弥陀佛”的方言。

虽然只有一晚，但这件事在我心中深深种下了一粒种子。从那之后，我常常不知不觉中这样双手合十。

偶尔，也会在无意中念起：“南无、南无，感谢！”

心灵状态决定现实世界

中考的失败

昭和十九年（1944）春天，小学毕业前夕，我参加了鹿儿岛名校鹿儿岛第一中等学校的考试。

虽然我提到过我小学六年级的毕业成绩全是“乙”，但我还是想保住一个“孩子王”的面子。而且，那时班里中等成绩以上的同学都报考了一中，我觉得自己应该也没问题。

但最终我并没有被一中录取。我想起发生“乖乖男”那件事时，自己曾和神经质的班主任发生不愉快，还有他撂下的那句：“这次的事件，我会写入你的成绩报告单里，最好做好心理准备，以后没有哪个学校会收你。”

至于班主任最后是否真的把这件事写在了内部报告书上，当然无从了解。但我总觉得隐约和这件事有关。

我还想起考试申请书上有一栏选填“士族”和“平民”，父亲毫不犹豫地写下了“平民”，我也想过会不会是因为这个。总之，都不得而知。

就这样，我没有读成一中，只好成了国民学校高等科的学生。

那段经历别提有多惨痛了。每天早上我一出家门，就看见令人生厌的有钱人家的公子哥儿和之前一直跟我混的小跟班们穿着一中的制服，一个个精神抖擞地去上学。只有我一个人沮丧地走在相反的路上。

中学考试的失败，也许是我人生中第一次品尝到失败的滋味。

患上“不治之症”

同年12月，我感觉身体不适。

兼一叔叔（前排右二），其右为笔者，其身后是父亲：�市

我小时候跟我们同住过的父亲的弟弟——兼一叔叔，那时正在做警察。

这位兼一叔叔年底时回了一次老家，就住在我们家。一天晚上，我睡在叔叔的旁边，好像当时就感觉不妙。浑身都被虱子叮咬，之后就一病不起。

母亲担心是结核病，于是带我去了医院，诊断结果显示，果然是结核病的初期症状：肺部浸润。

母亲早早就怀疑是结核病是有原因的。我的父亲一共有三个弟弟，大弟和大弟媳住在我家的偏房，他俩都是因为结核病病逝的，最小的弟弟那时也因为吐血正在疗养中。母亲非常担心我发烧是因为感染了那个。

我自己也隐隐约约有些预感，没想到竟然真是如此。

那年头，结核病还是一种“不治之症”。

战后几年研发出了有效药物，但那之前一直是人人惧怕的绝症。如果某个家庭出现了结核病人，为了不让别人知道，这家人一般都会偷偷照看。但由于旧社会人们和近邻的关系密切，所以想瞒也是瞒不住的。由于我们家接二连三地出现结核病人，据说甚至被传言成“稻盛家就是结核病的巢穴”。

结核病是通过空气传染的。因为我很敏感，所以经过父亲的小弟弟接受疗养的别院时，总会捏着鼻子跑过。但跑的过程中觉得呼吸困难，于是不自觉地深呼吸，每当这时我都特别后悔，情不自禁地想：也许哪天，自己也会染上结核病。

母亲和我一样，尽量不接近病人，因为她必须照顾几个年幼的孩子们。

父亲和哥哥则完全不放在心上的样子。“有那么容易传染吗？”尤其是父亲还热心地照顾他的弟弟，即使到了结核病菌急速增长的末期，父亲也冒着危险在叔父身边悉心照料。

最终，病毒没有传染给父亲，而是传染给了我。

病隙读书

于是我开始了从学校请假躺在床上专心疗养的日子。说是疗养，但根本没什么有效药物，我只能在日照充足的八叠间里，打开侧面拉窗，进行“空气疗法”。

因发烧而神志不清的时候，我迷迷糊糊地想：自己也会跟叔叔们一样用不了多久就开始咳血，然后日渐消瘦吗？也许自己真的没救了。

渐渐地，那个之前一直号称“孩子王”的我，虽然还是个孩子，却早早地认识到了“死亡”二字。

那时我家隔壁住着一位司机和他的妻子。

记忆中，那位阿姨非常温柔，而且是一位美人。也许正是因为她内心的美丽跃然于外，所以她的外貌也格外美丽。

一天，当我跟平常一样拿出被褥，躺在阳光照射的廊下的时候，这位阿姨在院子对面的篱笆那侧问道："和夫，今天感觉如何？"然后递给我一本书。

"如果可以，你试试读读这本书。这书本来是给大人看的，对你可能有点难，但相信一定对和夫有益。看不看得懂没关系，但一定要坚持读完哦！"

生病以来常常想到死亡的我，由衷地感谢这位阿姨的善意。

从那之后，我每天都如饥似渴地阅读这本书。书中的一字一句对我来说都像久旱逢甘霖一般，深深地浸入了我心底。

当然也有可能是因为我那时正值非常敏感的青春期，刚开始思考"人生为何物""人类为何物"等问题。

我是一个平民之子。

曾在一中考试中落榜。

天真无邪的“孩子王”时代早已一去不返。

叔叔婶婶因病去世。

自己也染上了同样的疾病，这让我焦虑不安。

内心恐惧极了，也许自己也在一步步走向死亡。

在仅仅是个孩子的我看来，自己的人生充满了不合理和挑战，所以卧病在床期间一直埋头苦读这本书，想从中寻找人生的真谛。

书中有这样一句话：“在我们的内心有一块磁铁，一直在吸引着周围的剑、灾难、疾病、失业等东西。”这句话的意思是说，你的内心不曾呼唤过的一切都不会出现在你身边，若是对他人常怀善意，灾祸就不会降临。

对此我深有同感。以前我经过患结核病的叔叔住的别院时，总是因为恐惧而屏住呼吸，结果反而感染了疾病，而完全不放在心上的哥哥却没有被感染。这就是源于内心是否存在磁铁的区别。也就是说，我心中那块名为“恐惧”的磁铁反而招来了疾病。

而深爱着弟弟、自始至终精心照料弟弟的父亲也没有被感染。

虽然当时还是个孩子，但回想起一心只考虑自我保护的那个自己，还是深刻地反省了。

此外，我还学会了“心灵状态决定自己的现实处境”。

书中这样写道：“心态是命运的雏形。现实世界的所有事，必然跟这个雏形一致。为了能吸引来内心向往的事物，必须让内心的渴望永不停歇，一直怀抱着希望和热忱。长时间持续专注于意念，就能变成吸引必要事物的磁铁。”

如今回想起来，那时候我患上结核病，一定是上天对我的恩赐，为了让我学会用心领悟更深刻的生命真谛。那是一段不可替代的宝贵经历。

结核病的确非常痛苦，是一段足以让我为死亡做好一切准备的极致体验。

想必这样的经验一定是人人唯恐避之不及的，一定认为这是一场飞来横祸。

然而，这段经历让我深信一点：所谓灾祸和逆境，只要积极加以克服，就会对人生大有裨益。

因为这一段经历，我明白了一个道理，那就是精神面貌会决定现实世界。这提醒我应当怀抱善念，并有机会审视自己的内心。我下定决心，一定要怀抱一颗良善之心走下去。

那段时间在我内心萌芽的东西，一定也是促使京瓷和 KDDI 成功的源泉。

后来，我的结核病康复了。虽然听上去很不可思议，但我只能说确实是“不知不觉就好了”。

为了能活得久一点，我想，不能再这么躺下去了。每一天我都抱着“我还活着”的强烈念头，久而久之，身体竟然真的逐渐好转。

我之所以能康复，无疑是因为“内心的面貌”发生了变化。

因此，如果抱着某种强烈的愿望前行的话，终有一日必会实现。重要的是这个念头的强烈程度和冥思苦想的力量。

这也是我迫切想要分享给年轻人的一个重要的“人生真谛”。

对此，我想在下一章之中再详细讲述。

在母亲枕边读书

六年后，也就是昭和二十六年（1951），我进入了鹿儿岛大学。

第二年，母亲患上了结核病。

这时已经研发出了药物，在此之前一直是日本人第一大死因的结核病终于变成了第二大死因。但由于母亲肠胃不好，所以无法吃这种药。随着病情加重，母亲食欲全无，身体日渐消瘦，好像还一度认为自己扛不过去了。

就这样，母亲的身体越来越衰弱。第一次看医生的时候，医生佩服地说道：“你啊，拖着这么弱的身体竟然能撑到现在！”

的确，无论战前、战时，还是战后，母亲都废寝忘食地透支自己的身体。战前，除了进展顺利的印刷厂工作之外，母亲一直忙于生育和照顾七个孩子；战时，为了生存而拼命努力；战后，为了度过那段艰难的日子，一直奔走于市集买卖。

一路艰难走来的母亲，在这个社会逐渐回归平稳的时候，气力耗尽，一病不起不算奇怪。

母亲生病后，父亲对我说："你别读大学了，出来做事吧！"但母亲说："不用辍学。你也帮不上什么忙！"

但我没有因为母亲的话而任性，而是一边上学一边做夜警等兼职赚取学费，每个月给家里一千日元左右补贴家用。

母亲在家疗养时，邻居一位医生的妻子带来一本书劝母亲读读。但母亲既没体力也提不起精神，所以没有读。

我决定自己读给母亲听。

就像高中一年级时我在病床上如饥似渴地读着书一样，这一次，我守在母亲的枕边，读给她听。

母亲原就是一个非常淳朴的人，并且有自己的信仰，所以她努力地听着，一句一句，都听进了心里。

也许这个过程起到了疗愈作用，母亲的病也终于康复了。

我至今也难以忘记那些和母亲共读，并一起就书中的内容及观点进行探讨和思考的时光。

命运之路 靠自己开辟

交织成人生的两条线

从年轻时开始，我就很好奇“人为何而生，为何而活”，常常以自己为例煞费苦心地琢磨着。

当然，谁也不知道前方等着自己的是什么样的未来。但若能了解哪怕一丁点人生的奥妙，都能拥有不一样的未来。

经过一番思索，我总结出了这样一个结论。

每个人都拥有被上天安排好的命运。人们都按照这条被安排好的命运的竖线活着。

但，人生不仅仅如此。

人们一边被自己的命运摆布，一边在遭遇形形色色的事情。在不断遭遇的过程之中，抱着好的或者坏的念头，不断前行。而这些念头，又在一点一点改变着我们的人生。

也就是说，人生中有一条竖线叫“命运”，有一条横线叫“因缘”，这两条线交织而成的，才是真实的人生。

我之所以这样思考，是因为我拜读过哲学大家安冈正笃先生的著作《命运与立命》。

这是一本安冈先生解析中国古籍《了凡四训》的书，其中详尽论述了人生是由“命运”和“因缘”交织而成的。

中国古书中有“积善之家，必有余庆”的说法。其意思是“平日积德行善的人，必然会迎来好运”，就连子子孙孙都会发生好事。

也就是说，“只要一个人思善意，行善事，他的人生就会朝着好的方向发展”。读罢《了凡四训》，践行这些教诲，我渐渐地确认了古人思想的正确性。

《了凡四训》这本中国古书，是距今大约四百年前，中国明朝的时期，一位名为袁了凡的人所著。

老者的预言

写下《了凡四训》的袁了凡，幼年曾名袁学海。

一日，袁学海家里来了一位满脸络腮胡并自称“在云南研究易经”的厉害的老者。

所谓“易经”，就是日本所说的“占卜”，在中国自古就有，早已形成了一套非常深远的学问体系。

老者对他说：“这里的名为袁学海的少年，被赋予了将我研究易经的精髓发扬光大的天命。所以，我才不远万里专程来找你的。”

是夜，老者留宿在了袁学海和母亲相依为命的家里。他一边凝视着少年学海，一边和他的母亲谈起了他的未来。

“您是想让这孩子长大以后从医吧？”

学海母亲答道：“是的，我们从爷爷那一辈开始就是医者之家。英年早逝的孩子他爹也是一位大夫。所以我想把这孩子也培养成一个大夫。”

老人却说：“非也非也，这孩子一定不会做大夫。他会参加科举考试，成为一名大官而发迹的。”

老者接着说道：“这个孩子在××岁的时候，应该会去参加县里的考试，在××人中以××名的成绩通过；××岁的时候又参加府里的考试，在××人之中以××名的成绩考过；之后，又参加更高一级的考试，但是很遗憾没有考上。不过第二年，他又挑战了一次，在××人之中以××名的成绩通过考试。”

老者一直说着学海在科考各阶段的成绩会如何，然后说：“就这样，年纪轻轻就当上了地方长官。也结了婚，只可惜膝下无子。53岁时离世。这就是这孩子的一生。”

那之后，学海少年的人生果然跟这位老者所说的一样。××岁参加科考，在××人中以××名通过。有一次果然落榜了。但每一次的结果正如那位老者所言，一模一样。

命运是可以改变的

学海对老者所言深信不疑。一次，学海赴任南京，得知在一座知名寺院有一位名为云谷禅师的长老，为了能向这位长老请教，他立即去拜访了那家禅寺。

这位云谷禅师耐心接待了学海，禅师对学海说道："难得来一次，是否愿意试试同老僧一道坐禅？"

学海接受了禅师的邀请。云谷禅师惊叹于学海竟然心如明镜，毫无杂念妄念。

禅师开口说："施主如此年轻，却未浮现一丝杂念妄念。我从未见过坐禅坐得如此干净的人，想必施主一定修行已久。"

学海答道："没有，我从未进行任何特别的修行。但禅师如果确实看到我没有杂念妄念、心如明镜的话，我倒是想起了一事。

"年少之时，曾有一位精通易经的老者找到我，跟母亲说起过我的命运。我就是照着那位老者的预言活到今天的。我已有妻室，可至今也没有一个孩子。老者算过我只能活到53岁，所以我一直深信自己只能活那么久。因此我现在对于未来一点儿希望和野心都没有，不太想我想变成怎样，也不太会想我想做点什么。我觉得自己会按照命运的安排，规规矩矩、波澜不惊地过完一生。大师看我未浮现一丝杂念妄念，大概就是这个原因吧。我按照这位老者的预言活至今日，往后也会按照他所预言的继续活下去。”

学海说完，原本和颜悦色倾听着的禅师突然神色大变，他斥责学海：“我还以为你年纪轻轻便修炼到了绝佳境界，怎料你竟如此愚钝！”

禅师对学海循循善诱地说道：“的确，如那位老者所言，我们每个人都背负着各自不同的命运。但你觉得真的有傻瓜会心甘情愿遵循命运的安排吗？所谓命运，是可以改变的。在我们按照命运的安排生活的过程中，如果存善念，从善行，人生就会朝着好的方向发展。如果存恶念，从恶行，就会朝着坏的方向发展。这个法则，在每个人的人生中都是切实存在的。”

存善念，从善行

想必学海也是极其聪明的人。他听完云谷禅师的一番教诲，深受感动。随后，他离开寺庙回到家对妻子说："今日，我在禅寺拜见了云谷禅师，他教诲了此番道理。我决定从今日起，无论是多么微小的事情，都要心存与人行善的善念，并且从善行。云谷禅师曾教诲我，善念与善行越多，对自己人生越有益。"

学海的妻子应该也是一位心灵纯洁善良之人，她听完丈夫所说，如此回应道："是吗？只要你这样想，我们就一起这么做吧！从今以后，即使微乎其微，我们也时刻心存善念、从善行地活下去吧！让我们用一张表把每天做过的善行都标记出来吧！"

《了凡四训》这本书，写到这里突然换了场景。

"喂，儿子啊！你父亲的人生，其实就是迄今为止所说的那种人生哦！父亲曾在一个禅寺拜访过一位大师，他教诲我人的命运是可以改变的。自那之后，我和你母亲开始了新的生活，即使微小也时刻谨记心存善念，即使是一丁点儿也要将这些善念付诸实践。当我们的所思所行改变之后，才有了你的降生。之前那位老者可是预言过我们这一生都没有儿女缘呢。老者当时还说我只能活到 53 岁，但如今我早已过了 70 岁还这么精神。”

这番话，是学海讲给自己的儿子听的。

这就是《了凡四训》的梗概。

从幼年直到拜访禅寺之间，学海本来一直按照自己所背负的命运活着。但当他拜访过禅寺，听云谷禅师说：“若是在人生各处皆心存善念，践行善事，命运就会朝着好的方向发展。”那之后，学海便坚持按照禅师所说的做，于是，命运确实发生了改变。

《了凡四训》这本书，讲的就是学海把这些事情讲给自己儿子听的故事。

人究竟为何而生？

我遇到这本书的时候，京瓷还是一家名不见经传的中小企业。那时的经济一片萧条，我不知自己的公司哪天会倒闭。年纪尚轻的我既要经营企业，又要考虑自己前途未卜的人生到底应该如何走下去。

此时，我读到了这本书，恍然大悟："人生原来是这么回事啊！若当真如此，我就必须按照符合《了凡四训》所教给我的法则活下去。"

我下定决心："无论遭遇什么样的命运，都要按照'存善念，从善行'的方式度过一生。"

我要为了全体员工的幸福把公司建设得更好，我要为客户服务而竭尽全力。于是，我不断研发新材料、新产品，同时不断拓展新事业。

因为我带着这样的思考经营企业，也让员工们把京瓷当成自己的公司而想要把它做得更大更好，所有人为了公司的发展全力以赴地努力着。

在第五章将更详细地讲述，这样努力的结果最终让京瓷成长为一家在世界范围内拥有七万多员工的全球化企业。

1984 年创办的第二电电（第二电话电报株式会社），向电电公社（现在的 NTT）一家独大的日本通信市场导入了自由竞争。这家公司就是我抱着“想降低大众通信费用”的纯粹念头建立起来的。

如今，第二电电发展成为 KDDI，早已成长为通过手机行业的 au[①] 等实现了巨大销量的卓越企业。

最近，我开始参与日本航空的重建工作。

“为了日本航空的全体职员，为了日本经济，带着‘利他之心’，带着一颗纯粹之心参与重建。通过对员工的意识改革，在短时间内成功让业绩急速回升。而且，这个纯粹的想法吸引来了强大的力量，不仅成功拯救了原本濒临破产的企业，还让它在全球航空公司中摇身一变成了收益最可观的企业。”

① au，或 au/kddi（au by KDDI），一个日本移动电话网络品牌，由 KDDI 运营。

在过去八十多年的人生之中，我经历过无数这样的事情。

我相信，这个法则对任何一个人的人生来说都是适用的。

世间一切，都源于自己内心的所思所想，以及在这颗心的驱使之下，做出了什么样的行为。

正如《了凡四训》中所记载的袁了凡先生，若尽可能心怀善念，身行善事，就能让自己的人生变得十分精彩。

而且，心怀善念和身行善事能改变命运，更能使命运变好。事实上，在我看来，人生的目的，正是通过怀善念、从善行来磨砺心灵，使其更美丽。

通常，提到人生的目的，人们都会想到去构建自己的财产、地位、名誉等。但这些东西，无论你拥有得再多，都没有一个能带到另外一个世界去。

在这个世界上，如果有一个事物是永恒的，不衰退的，那就是我们所拥有的心灵，也就是我们的“精神”。

在迎接死亡的时刻，我们每个人都必须放下在现世所创造的地位、名誉、财富，只会带着“心灵”和“精神”踏上新的征程。

如果这么想，我们所活过的人生，其实就是上帝赐予我们的通过心怀善念、身行善事来磨砺灵魂的时间。

把出生那一刻起我们带到这个世界的心灵，在现世的洪流之中洗涤、磨炼，即使微乎其微，也要将其变为不含污浊的美丽之物。

因此，才会有这么一说，“人生即修行”。

利他之心

人的两颗心

在我看来，每个人都拥有两颗心。

一颗是被“独善其身”的利己欲望充满的心。

人要生存下去，就必须为了维持自己的生命而吃饭，而穿衣，而居有定所。这些维系生命所必要的欲望，换言之就是自己的本能，“首先考虑自身，独善其身足矣”。此乃利己之心，人皆有之。

利己之心是自私的、贪婪的，但若没有它，人就无法生存下去，所以可以说是不可或缺的。

另外一颗心，就是“想要助人、善待所有人”的利他之心。

每一个人身上，都同时存在着“利己之心”和“利他之心”这两颗心。其中哪一方所占的比例更大，是直接影响这个人的人性、人格的重大因素。

心灵如何，不仅会影响这个人的品性、人格，还会在自然而然中改变这个人所处的环境。

我是在观察自己的人生和父母的生存方式的过程中，深切体会到这一点的。

父亲和母亲都是不指望大富大贵，只想拥有简单平凡的生活的人。他们一生都在为家人废寝忘食地工作，对其他人也十分和善。

父亲那一丝不苟的工作态度，不仅赢得了深厚的信任，也让自己的事业得以扩大。他本人对所有事都十分慎重，安于维持现有状态，但渐渐地周围其他人也会帮助他。因此，“稻盛调进堂”才能发展顺利。

母亲一向也与人为善，常常被人“纪美、纪美”地叫着，所以每当遇到困难的时候一定会有人站出来帮忙。

慈悲不是为了他人

我想到的第一个这样的人，是童年时候住在附近的新见。

在离我家两三百米的地方，新见经营着一家自行车店。我们一般亲切地叫“新见大叔”“新见大婶”，但两人并非正式的夫妻。原来，他们二人都是熊本人。原本有妻室的大叔和从事艺伎的大婶是私奔到鹿儿岛来的。

大叔会修理自行车，所以他们在鹿儿岛开起了这家自行车店。父亲和大叔偶然相识，并且关系日渐亲近，自行车店开业的时候父亲好像也去帮了忙。

母亲也对大婶非常和善，所以大婶经常来我家做客。我一直记得，大婶是一位性格爽朗的女性。

我的父亲和母亲都是乐于助人的人，并且施恩从不图报。

父母对新见先生的和善，没过多久就回报到了我的身上。

高中毕业之前，我报考了大阪大学的医学部。在前往大阪大学参加考试前，新见大婶叮嘱我说：“我妹妹就住在天王寺。和夫，你去找她吧！我已经给妹妹寄过信了，她一定会照应你的。”大婶说，她的妹妹以前也是一名艺伎，现在和一名踏实憨厚的泥瓦匠成了亲，两个人生活在一起。

我用所剩不多的钱连续乘坐了普通列车前往大阪。人满为患的列车在摇摇晃晃之中抵达了大阪站。那天大婶的妹妹和妹夫一起来车站接我，但由于战后的车站人多而杂，加之我们互相不知对方的长相，所以根本不可能找到对方。最后，我一路打听终于到达了大婶的妹妹在天王寺的家。

然后我在大阪大学参加了三天考试。

父母一直暗地里关照新见先生。这份善意兜兜转转，以新见大婶在大阪的妹妹照顾我的方式，回报到了身为儿子的我身上。

常言道，“好人有好报”，这次自己终于切身体会到了。父母从不苦口婆心地教育孩子说：“同情心很重要哦！”“要对人善良哦！”但正是他们这种生活姿态的本身，让我受益良多。

仗义的“小混混”

还有一个人曾教会我什么叫善良，他是我大学时期的同学。

后来，我没有考入大阪大学，进了本地的鹿儿岛大学工学部的应用化学专业。在当时的同学中，有一个不怎么来学校的比我大一岁的小混混，曾因为沉溺于弹珠游戏而落了榜。

大学期间的我和他完全不一样，是一个“一心只读圣贤书”的乖学生，成绩一直名列前茅。原本我和他是很难产生交集的。本来关系不怎么好，但有一天，他突然邀请我一起去玩弹珠游戏。

“稻盛君，你玩过弹珠游戏没？”

我自然是没玩过的。一方面我觉得弹珠游戏很无

大学研究室的朋友们，前排右侧为笔者

聊，而且也没钱。

我答道："没，没玩过。"

他接着说："那我带你去吧！"

于是他带着我来到了鹿儿岛最繁华的街道，进店后又对我说："你就在我旁边玩，如何？"说着递了一些币给我。

我半推半就地玩了起来，但还是觉得毫无乐趣可言。

我平时每天泡在图书馆，这时候满脑子都想着："好想早点离开这里去学习！"所以根本没有专心玩。可能是因为这个原因，我不断地输，没过多久他给我的币就用光了。

而一旁的伙伴的币却不断增加，完全看不出要结束的意思。我焦急地等着，没等多久，就不耐烦地自己先回去了。

从那之后，他又约过我去玩弹珠游戏，我每次都没有拒绝，而是跟他去了。大概是第三次的时候，他用积攒的大量币换成了奖品和钱，带我去了隔壁的大食堂。

在昭和二十年代（1945-1954），那是一个像临时小棚一样的简陋的食堂。那里好像有一种招牌面，叫“吃惊乌冬”，里面放了两个鸡蛋。对饥肠辘辘的大学生来说，这简直是豪华大餐。

朋友说要请我吃“吃惊乌冬”。我听闻他的一番好意，像是被人狠狠敲击了一下头部。

热心邀请只知在学校和图书馆之间两点一线地生活着的死板同学，还自己出钱给我上了一堂“社会见习课”。

当我表现出对游戏不怎么感兴趣之后，他还用自己赢来的钱请我吃饭。而且他完全不把这些放在心上，吃

专注于求学和空手道的大学时代，后排左端为笔者

完乌冬面就爽快地告别了。

因为他做的这一切，那个我曾经看不起的“沉溺于弹珠游戏而落榜”的他，仿佛突然变得伟岸了起来。

通常，我们把够朋友义气的人叫作“仗义的家伙”，说的大概就是他这样的人吧。相比之下，我自己呢？人家付了钱让我玩游戏，我却不耐烦地早早回去了。与他相比，我冷漠多了。在做人方面，他远比我要强得多。

我不禁反思道：“难道我真有这么小肚鸡肠？还好吧！”

那之后的大学生活中，这个人也教会了我很多与人相处或者玩耍的方式。

最近一次同学会上我又见了他一次，我对他说：“现在我也做各种各样的演讲，那些你教会我的事让我受益颇多哦！”

我说完，他依旧像学生时期一样带着难以捉摸的表情笑着说：“当真有此事？”

若能再见母亲一面

怀念母亲做的大酱汤

回想起来，在我一生之中，最早开始教我“做人的法则”的，最好的老师就是母亲。离开家乡之后，母亲的谆谆教诲在我的体内生根发芽，成了我巨大的支撑。

遗憾的是，自从 27 岁在京都建立京瓷之后，我总是繁忙奔波，几乎没怎么重回家乡。

但每回去一次，都是一次身心的彻底放松。正如孩童时期，我总是被母亲无与伦比的爱包裹着，长大后事业有成的我，也是如此，一回到家就被母爱深深地环绕着，从容地沉溺其中。

在家乡，只要能品尝到代表“母亲的味道”的米饭和大酱汤，就十分幸福了。母亲的大酱汤是她亲手用味噌做成的。当事业遭遇瓶颈的时候，只要能喝到母亲做的大酱汤，我总能涌起无限的动力。

父母应该不知道我具体做着什么样的工作。我虽然曾经给他们讲过京瓷的新产品和尖端技术，但他们只是微笑地听着，估计也没有明白我说的内容。

当京瓷和我的工作名声越来越响时，开始有媒体去找母亲采访。听说，当记者问到我做的产品的时候，母亲回答说：“我不是很懂。我一般都是对朋友这么解释的，有一种类似于插入电灯泡的瓷器插座的东西吧，和夫就是在做那样的东西。”

插座也好，什么也好。母亲的话虽不够老练，但我深知，无论说了什么，她都是发自肺腑地为我感到骄傲和欣慰。

父亲内心深处是一个爱操心的人，每次我在事业上尝试新挑战时，他总是忧心忡忡地说：“真的可以？”但母亲在这一方面颇有几分刚毅，从来不会说这样的话。或者像孩童时代一样满怀信心地为我说话：“和夫做的肯定是对的，让他去做就好！”

京瓷逐渐开始走上正轨之后，我在滋贺县建了第二个工厂。

这个工厂也不够用了之后，鹿儿岛县的知事对我说：“能否也来鹿儿岛开一个工厂？”好像是知事听闻鹿儿岛出身的我在京都创业并越来越成功，希望我也能给产业稀少的鹿儿岛注入一些新鲜的活力。

于是，昭和四十四年（1969），我把京瓷的第三处工厂建在了距离鹿儿岛市电车一个小时左右的川内市。

开始建工厂之前，为了购买工厂用地等，我回了好几次鹿儿岛。每次回去都想吃母亲亲手做的料理，所以一定会回家住一晚上，同行的干部职员也一起。大家在我家的八叠间并排睡觉，有时是四五人，有时是十人左右。不管多少人，母亲都会高高兴兴地欢迎我们，再给大家做上一顿美味的料理。

关于那时候的事情，母亲后来也这样回答记者：“当我儿子突然对我说‘我想要在这里建一个工厂’的时候，我就跟做梦似的。”

这样一位母亲，在平成四年（1992），82 岁的时候去世了。母亲去世时，正值我事业特别忙碌的时候，经常在世界各地飞来飞去。母亲去世那天我正在国外出差，没能赶回家给她送终。

想带母亲去的地方

有时我会梦想着，假如母亲现在依然活着……

假使母亲现在出现在我面前，奇怪的是，我并没有什么特别想要对她说的话。

只想坐在乡下家里的矮饭桌前，吃上一顿母亲亲手做的美味的大酱汤和鱼干，就感觉无比幸福。

如果还有机会与母亲同去某个地方，我想一起回一次家乡鹿儿岛，然后带她去一次柏青哥[①]店。

战争结束后不久，一直拮据的家里也日渐稳定，兄弟七人长大成人，无须母亲再辛劳抚育。母亲生活中渐

---

① 柏青哥：即弹珠机，一种具有娱乐成分的机器。

渐有了一些余暇，听说手头有零花钱的时候母亲总爱去柏青哥店。

那时我已经在京都工作了，只能每次在回老家的时候陪母亲一起去鹿儿岛闹市区的柏青哥店。

母亲玩得比我还好，经常得到很多糖果奖品，每每此时母亲都开心得像个少女。

在一本正经的父亲看来，母亲爱上玩柏青哥是极其无趣的。

工作后，我一直给父亲汇寄生活补贴，母亲有时跟我埋怨："你父亲不给我去柏青哥店玩的钱！"于是我会悄悄给她一点零花钱。

在我看来，柏青哥对母亲来说，是她这一生之中为了家人鞠躬尽瘁之外，屈指可数的"为自己而活"的乐趣吧。

因为想再目睹一次母亲什么也不担心、开心享受的模样，我多想能"再一次，再带母亲去一次柏青哥店"。

第肆章
京都大和之家

为了那些心头背负伤痛的孩子

一则惊人的报道

在京都府南部的精华町，有一家名为“京都大和之家”的儿童福利婴儿院。

2004 年，为了近年来遭受虐待、抛弃，或其他不得已的原因被迫离开家庭的可怜儿童，我创办了这家福利院。

名字中的“大和”二字，是我作为僧侣的法号 [平成九年（1997)，我曾在京都八幡的圆福寺皈依，被赐予了这个法号]。

“大和之家”能够容纳 20 名婴儿和 60 名儿童。

另外，这里还为离开这里自己独立或回归家庭的孩子提供全方位的细致帮助。

2003年，为了因就职和升学必须离开福利院开始自力更生的孩子，我创办了“稻盛福祉财团”，用于为他们支付生活独立支援金。

最初打算从事儿童福祉活动，是在我2000年归还京瓷和KDDI代表权的时候。

那段时期，报纸、杂志和电视上连日报道虐待儿童的新闻。通过这些报道，我了解到，这些受到虐待的儿童会得到儿童相谈所[①]的关怀，最终进入儿童福利院。但由于这类儿童的数量过于庞大，因此无法保证每一个受虐儿童都能得到收容。

听完报道，我十分痛心，没想到竟然有如此多的儿童经历过惨痛的童年。

之所以会对这种社会现象如此在意，大约是因为自己自小就在母亲的温柔疼爱中长大，拥有幸福美好的童年。

即使我是一个不让人省心的“爱哭鬼”，但母亲还是照顾我、守护我，教导我做人的法则，一直到我长大成人。那温柔的母爱，至今依然温暖着我的心。

---

① 儿童相谈所：接受18岁以下青少年多方面商谈和咨询的公共机关。

对于这样的一个我，很难想象世界上竟然有那么多亲生父母会虐待自己的孩子。孩子想要的，不过是父母的爱而已。曾经我也是一个很黏人的孩子，从小就喜欢缠着原本忙碌不堪的母亲，想她爱我比别人更多。前面我也提到过，直到这把年纪，我有时还会发现自己不知不觉中正在和母亲低语着什么。

一想到竟然有孩子被父母虐待，我就如坐针毡，这是何等痛苦的事啊！

在“二战”前，有一种叫作孤儿院的地方，主要收容失去双亲或双亲丧失抚养能力的孩子。据说在现在的儿童福利院，与这样的孩子相比，受到监护人虐待的孩子的比例正在不断增长。

这些遭遇不幸的孩子，到底将由谁来照料看护呢？对此，我忧心不已。

走访京都附近的福利院

因此，我决定去拜访京都府及京都市的儿童福利负责人，了解详细情况。

“我之前完全不了解儿童福利的相关信息，您能介绍一下当下儿童福利的现状如何吗？”

听完我的问题，负责的人士对我建议道：“稻盛先生，如果您想了解这方面的情况，建议您亲自实地参观一下儿童福利院。您看呢？”

这位负责人给了我京都附近一些儿童福利院的地址，我决定亲自去拜访一番。

那段时间，我利用空闲的周日驾车走访了数家福利院，京都市内自不必说，从北边的舞鹤到西边的神户都走了一遍。

每到一家福利院，我都会找到负责照看这些孩子的院长，跟他们交流。据说大部分福利院最初都是由一些有产者、慈善家或宗教人士看到无家可归的孩子太可怜，而作为慈善行为建立的。

这些慈善家的儿子或孙子会继承这些福利院，大多是直接利用父亲或祖父建好的设施，其中很多建筑物早已老化。

我也了解到，就是在这种环境下，院长和全体工作人员还在为那些孩子拼命工作着。

承蒙上天眷顾，我有幸作为一名实业家创办了京瓷，并一路不断发展。也正因如此，我的人生步入了正轨。如果有机会回馈社会，我迫切希望能给这些遭遇极端不幸的孩子提供支持和帮助，哪怕看上去是微不足道的帮助。

我再次拜访了京都府的儿童福利负责人。

这位负责人对我说："在京都府内，尤其是南部区域，目前还没有福利院。虽然开发了住宅用地，人口也在不断增长，但儿童福利院一间都没有。因此，家住南部的孩子不得不入住北部的福利院，这令人十分忧心。"

听到这里，我正式决定在京都府南部开办一家儿童福利院。

一家开放明亮的福利院

要开办福利院，首先需要购买土地。在街道办工作人员的帮助下，我围绕一家福利院都没有的京都府南部的精华町，开始寻找候选地。

看了几片土地之后，我最终买入了精华町公务所附近的一处略有起伏的农业用地。

正如前面写到的，在京都府下的儿童福利院中，有很多是直接利用已经老旧的建筑物，其中有一些利用的还是“二战”前的慈善家修建的木造建筑。

跟生活在这样的福利院的孩子和工作人员交流之后发现，孩子们总觉得带学校的朋友回家是一件没面子的事。因为自己经常被朋友叫去家里，作为回报也想叫朋友来福利院玩，却因为建筑老旧而感到自卑。

听到这里，我恍然大悟，原来在孩子们心里，福利院是他们的家啊！那么，既然要建，我就要建一个能让入住的孩子骄傲地说出“欢迎来我家玩啊”，然后高高兴兴带朋友回来的地方。

为了能修建一处抚慰孩子们在家庭生活中受伤的心灵的设施，为了他们能开心快乐地生活成长，从设计阶段开始，我每个月都会和大家一起开会讨论。

外装方案是我提出的，决定采用被橙色屋顶和白色墙壁环绕的南欧风格设计。

另外，我在福利院中央设计了一个带大钟的塔，就像描写战后孤儿和退伍战士的交往的电影《钟鸣之丘》中出现的“尖尖的屋顶钟塔”。

此外，福利院还设有宽敞的玄关和门厅，以及用于和当地人交流沟通的会客厅。总之，按照我的要求，最终设计出了一座宽敞明亮的福利院。

像兄弟姐妹一样生活在一起

在福利院的运营方式上，我也费了不少心思。

那个年代，很多福利院都采取许多人集体生活的大宿舍制。但在“京都大和之家”，我们参考了厚生劳动省的指示，将福利院内部划分为六个单元，采用了分开生活的形式。

每个单元定员十人左右。在每一个单元，设置了和普通家庭一样的起居室、厨房、浴室、卫生间和化妆室。根据我所构思的，定做了下面是桌子上面是床铺的上下铺，以及具备收纳功能的整体家具。

每个单元，都安排包含幼儿园小朋友到高中生在内的不同年龄层的孩子，孩子们像兄弟姐妹一样生活在一起。

然而，当这种方式真正开展起来的时候，工作人员似乎感觉十分吃力。因为一个单元里年龄大的有高中生，年龄小一点的还在读幼儿园，他们生活在一起无疑增加了工作难度。

这些来自不同区域不同家庭的孩子之中，只要出现一个有问题的孩子，就一定会打破理想之中的和谐。

但由于从厨房到浴室都需要像一家人一样共用，在共同生活的过程中，渐渐地磨合出了像兄弟姐妹一样的合作意识。

我自小就生长在这样的家庭，在兄弟非常多的家庭环境之中，每个孩子都需要在必要的时候学会忍耐，也必须学会相互帮助和互相谦让，学会有福同享。我想，能够在这样的环境中成长，对孩子的成长是一件意义非凡的益事。

另外，我也决定将儿童福利院和婴儿院合二为一。

孤儿院和婴儿院一般是分开存在的，到了年龄，孩子们就从婴儿院转入儿童福利院。但“京都大和之家”希望能让一个孩子尽可能持续地在同一个地方安心成长。于是我决定把这里建成一个兼具婴儿院和儿童福利院的设施，可容纳20个婴儿和60名左右的儿童，让所有孩子相伴成长。

智力和体力平衡发展

此外，“京都大和之家”还设计了帮助孩子们回归家庭的“支援室”，以及对受虐待儿童进行心理干预的“心理治疗室”。

我们还花了工夫思考如何让孩子们能够快乐学习。

在入住福利院的儿童中，有一些孩子由于成长环境所限，导致学习成绩不怎么好。受到因公文式学习法而广为人知的日本公文教育研究会的关照，我请了公文老师来到福利院。“大和之家”设有类似学校教室的学习室，孩子们放学后可以在这里请公文式老师指导功课。而学生们自学的公文式教材由工作人员进行评分。

刚开始时，我感觉孩子们兴致并不高，学得不情不愿。但渐渐地，他们产生了兴趣，并习惯了学习这件事。这些学习在升学的时候也发挥了作用。越来越多的孩子成功考上大学和短期大学，甚至有考上国立大学的，给后面的孩子们树立了良好的榜样。

另一方面，我也希望孩子们的身体能茁壮成长。

于是，跟孩子们和工作人员沟通后，我们决定将“大和之家”的南侧广场改建为足球场。

如此一来，孩子们每天都能在这里玩耍，还成立了名为“大和 FC”的室内五人足球队。

没过多久，这支“大和 FC”就参加了近畿儿童福利院协商会的运动会。现在，球队还时不时在这大会上取得胜利。在我看来，对孩子们来说，能尽情运动、锻炼身体是十分重要的事。在运动方面表现优秀、越来越自信的孩子们，在做其他事时也变得更加努力了。

注重员工的幸福感

因为理想而满腔热情的员工们

由于我个人完全没有儿童福利相关经验，所以在招聘院长和职员的时候，我拜托了之前对我多番关照的京都府儿童福利负责部长，请来了在京都府儿童相谈所的资深从业者来“大和之家”担任院长一职。接着，以这位院长为中心，开始招聘职员，主要招聘那些在大学学习儿童福利和心理学以及保育士的应届毕业生。

在京都府京都市的助力之下，我用私人财产建立了公益财团法人“稻盛福祉财团”，为孩子们 18 岁社会独立的时候提供支援。因为我曾听说，这些来自福利院的孩子，在从福利院独立出去之后经济方面将十分拮据。

该财团面向京都所有儿童福利院，为那些离开福利院之后离开双亲独立的孩子，连续两年提供每月20000日元的资助金。除此之外，对上大学和专门学校的孩子们，也将一直给予资助，直到大学毕业。该财团还为京都府下的某些儿童福利院以及婴儿院等建筑物修缮提供部分资金支持。

经过充分的准备，2004年8月，兼具儿童福利院和婴儿院的“京都大和之家”正式成立了。

为了“帮助孩子、守护孩子”这份美丽的理想而充满斗志的职员们，也开始了在“京都大和之家”的工作。志在儿童福利职业的年轻人，怀着满腔希望和使命感来到了这里，这让我十分欣喜和放心。

我发自肺腑地请求这些职员们：“要像这些挣扎于困境中的孩子们的父母一样，支持他们，陪伴他们。希望每一个人都怀着一颗温柔的心去照顾这些孩子。”

充满温暖的支持

令我欣慰的是，除了我们，也有很多来自其他地方的人意外地伸出了援助之手，那就是“盛和塾”的学员们。

在“盛和塾”，我义务给中坚企业、中小企业的管理者们传授经营知识和思想。我提倡的经营哲学是，一定要为员工幸福，为社会做贡献而经营企业。现在，在国内外大概有一万名左右的热心经营者成了“盛和塾”的会员。

当得知我开办“京都大和之家”后，来自美国夏威夷和纽约的会员总会时不时来福利院，教孩子们学习英语和舞蹈。

另外，日本的会员们也借由各种机会给福利院赠送东西，这让孩子们十分高兴。比如圣诞派对上，京都和滋贺的会员们带来了烤火鸡大餐和蛋糕、水果等，这对福利院的孩子们来说是最温暖的心灵支持。

在京都市开中餐店的杨正武先生，每年都会来“大和之家”请孩子们吃中餐。我还听闻，这位杨正武先生不仅在“大和之家”，平时还抱着非凡的爱心经常在其他福利院做志愿者。

正因为有这么多爱心人士的支持和员工们的不懈努力，“大和之家”才能有今天。

儿童福利是神圣的职责

我只要找到机会，就会去“京都大和之家”看看。然后用这样的话语激励那些每天孜孜不倦辛勤工作的职员们：“你们中大部分人现在还没有自己的孩子，却在替别人照看孩子，经历着旁人难以想象的艰辛。在这些孩子中，有人因为饱受虐待而不再信任成人，有人始终紧闭心门。面对这些孩子，你们怀着一颗温柔善良的心，对他们伸出温暖的双手。这一切都源于你们拥有一颗想要帮助他人的纯净心灵，这是最大的善行。

“我知道，在日复一日的工作之中，大家一定面临着许多困难。可以说，在人生这场修行之中，你们日夜不断地在修炼着一颗美丽善良的心灵。人生最终极的目标，就是磨砺心灵，净化灵魂。而儿童福利，正是一份能帮我们实现人生终极目标的神圣事业，是一份应该受到广泛尊敬和赞美的伟大事业。”

我之所以会说这样的话，是觉得这些照顾孩子们的职员一定带着幸福的心情在工作着。

如前所述，这些职员大部分都是学习儿童福利等专业的，他们都是怀着满腔希望和热情来的“大和之家”。

但很多职员在这之前不仅没有真正照顾小孩的经验，而且现在要照看的还是一些内心饱受创伤的小孩，过程中难免会遇到从未设想过的困难，以致渐渐丧失继续坚持的信心。

我只想鼓励那些内心迷茫的职员们，一定要坚持梦想，继续加油。我还告诉他们，在养育孩子这件工作上，“利他之心”和“感恩之心”十分重要。

我还强调了以下这番话：“每天怀抱着珍贵的富有爱的心不断行善的诸位，一定有美好的未来在等着你们。我理解大家每天工作十分辛苦，但还是希望你们勿忘初心，为了这些孩子坚持下去！

“你们付出了如此多的善行，不可能不幸福。在未来的人生路上，一定有更多的幸福在等待着你们。请你们一定要坚信这一点，并继续努力！”

正如之前我引用到的中国古籍《了凡四训》中所说，你的所作所为是可以改变人生的。

年轻的职员也许还无法理解和相信，但到了我这个年纪，的确能真切体会到“好心必有好报”。

这一深刻的体悟，是我自己在经营公司之后才学会的，也有一部分得益于一生善待他人的双亲的以身作则。

我发自肺腑地期盼，所有父母和教育工作者们，都能深刻地理解并践行这些人生至理，再言传身教传递给下一代。

第伍章

应当教会孩子们的事

愿望能够实现

“愿望”是什么

最后，为孩子们的将来着想，我想讲一个重要的观点。

这个观点用一句话就能表达：“愿望一定能实现。”

那么，所谓“愿望”是什么呢？在愿望中究竟蕴含着多么巨大的力量呢？我想尽可能把这些问题阐述清楚。

首先，人所怀抱的愿望究竟是什么呢？

我们人在每天的生活中都会思考，另外还会有愿望冒头。所谓“思考”就是用头脑，即使用大脑考虑问题。比如，要记住些什么、要想出些什么、要构思各种各样的方案等，这些都由大脑来承担。除此之外，在人的行为中还有所谓愿望。

“想做这样的事情”“想要那样的东西”等，一个人心中升起的这类念头就是这个人的愿望。

在这些愿望或者念头中，有时会夹杂生气、寂寞、悲伤、喜悦等感情。包括这些感情在内的这一切，都是在我们心中升起的愿望。各种各样的愿望伴随着我们日常的生活。我认为，愿望这一行为是我们人生中最重要的事情。

一般人认为，用头脑对事物进行思考，这一行为才是重要的。而所谓愿望则很单纯，没什么了不起，不值得重视。但我的观点正好相反，我认为：愿望才是最重要的，愿望这一行为具备的力量之大，胜于一切。

遗憾的是，能够意识到这一点的人却很少很少。

然而，这个愿望才是人们一切行动的源泉，一切行为的出发点。证明这一点的，就是现代文明社会所走过的历程。

二百五十年前英国发生的产业革命成为契机，人类构建了近代的文明社会。在此之前，在大自然中，人类依靠自然的恩惠而生存。而产业革命兴起以后，人类发明了蒸汽机，工厂开始使用多种机械，从事各种生产活动。从这个时候开始，发明创造接二连三，科学技术的进步日新月异，只用了短短的二百五十年的时间，就构建了如此富裕的现代文明社会。

那么，科学技术为什么能如此发达呢？毋庸置疑，我们人类具备的愿望就是科学技术发展的原动力。“如果有这个东西那就方便了”“如果这个实现了就更舒服了”，这一类愿望、念头，会在我们每个人的心中浮现。比如，从前我们都是步行或者奔跑，那么有没有更加快速、更加方便的移动方法呢？

这如梦般的愿望会转变成强烈的动机，然后会付诸实践，人们开始着手制作新的交通工具。从愿望开始，接着用头脑认真思考，拼命钻研改进，经过反复的失败，最后造出了各种各样的交通工具。有人设计制造了自行车；有人发明了汽车；有人造出了飞机。

发明创造某种东西，在具体实施时，必须用头脑思考，必须进行研究。但其发端却是突然在心中浮现的想法、愿望，也可以叫念头。

一般说来，念头这东西往往受到轻视。常听人说：“不要凭念头、不要凭心血来潮说事。”但实际上，这个念头才是最重要的，现代科学技术，一切发明创造的起源，都发端于这个念头。

因此，念头、愿望才是事物的出发点。人们的一切行动都起源于心中的愿望。没有愿望，人不可能采取任何行动。

如此重要的愿望怀抱在人的心中。既然如此，接下来的重点就是：“人的心究竟是什么呢？”

耕耘心灵的庭园

在本书的第三章也有所提及，在我看来，本质上来说，我们的心是由两部分构成的，应该说是两个相生相克的力量共同存在着。

其中第一种心，就是利己之心——即什么都只想着“只要对自己有利即可”。第二种心，是利他之心——可以说这是让世界变得更好的原动力，这种心十分温柔，“想成为对别人有用的人”，“想要帮助他人”。

无论是什么样的人，他一定同时拥有这两种心，而这两种心各自所占的比例是多少，这构成了这个人的品行。

这两股力量不断竞争，十分难以应对，即使利他之心念念有词地说：“今天也要想着如何帮助别人，带着有爱的心生活吧。”鬼鬼祟祟的利己之心却在一旁叫嚣着：“你还有时间多管闲事？独善其身多轻松！”

那么，究竟如何做才能压制住这种卑微的声音，带着一颗利他之心生活呢？

关于这一点，英国启蒙思想家詹姆斯·爱伦在一百年前左右说了这样一段话：

人的心灵犹如一座庭园。有人对其精心耕耘，也有人任其荒芜。在这座庭园里，无论是耕耘还是任其荒芜，都一定能相应地生长出什么。

如果你不曾在自己的心灵庭园里种下美丽的花草，那么很快，这里就会杂草丛生，满目荒芜。

一名优秀的园丁懂得耕耘庭园，清除杂草，然后种下美丽花草的种子，培育它们繁盛生长。相同的，作为自己心灵庭园的主人，我们如果想要拥有精彩的人生，就需要精心耕耘，将内心不纯粹的错误的思想一扫而空，然后埋下干净正确的思想的种子，培育其不断生长。

简而言之，每个人的心灵都是需要看管和照顾的。一味放任不管，心灵势必会沦为一座充满欲望、愤怒、嫉妒、烦闷不满的庭园。若想拥有百花争艳、芬芳四溢的心灵庭园，重要的是要时时审视自己的内心，及时种下善良与感恩的种子。

对这一点，我尤其希望年轻人能够记住并且不断践行。虽然有人倡导每个人的性格是先天的，后天无法改变，但我相信，只要不断训练自己修身养性的能力，就一定可能改变。我坚信，只要不断直面自己的内心，就有可能培养出更高尚的人格和更完美的性格。

如果能养成日常习惯，一切都不是难事。例如，可以在每天入睡前几分钟，闭上眼睛静静回想当天发生在自己身上的事情。如果这一天里充满了欲望、愤怒以及不满等，就应该及时反躬自省。告诫自己，不能如此下去，一定要成为谦逊开朗的人——这其实就是对自身心灵庭园的耕耘。

如果每日坚持，身边的人一定会发现你的变化，他们可能会说："这个人最近不知道怎么了，突然变得稳重温和了许多。"

在宇宙间流动的"爱"的法则

我认为，假如一个人不断地修炼内心，形成了优秀的人格，那么一定会迎来很好的结果。

为何如此说呢？因为我们身处的这方宇宙间，存在着一种法则，就是要支持这些怀有利他之心的人。在这个宇宙间，有一种法则，不是让森罗万象以其一贯的姿态存在，而是将一切导向能够得以成长进步的方向。可以说，这是一种让万事万物都发展得更好的力量。

大约距今一百四十亿年前，在一点不起眼的基本粒子块爆炸后，宇宙出现了，形成了无法想象的浩瀚空间，据说时至今日宇宙依然在不断膨胀。

虽然最开始只是基本粒子，但从中产生了各种原子，这些原子结合成分子，分子与分子之间紧紧相连然后形成高分子。接着，又出现了蛋白质，一种名为 DNA 的生命之源就此形成，于是出现了原始生物。原始生物经过进化，终于出现了人类。据说今天生物的进化依然在持续着。

思考宇宙的诞生到进化的历史，就让人不得不觉得其中有一种“宇宙的意志”推动着一切往前发展。

即使是一块路边的石头，也和我们这些生物一样，流淌着一种让一切往更好的方向推动的“宇宙的意志”。

而正是由于我们生存在这个世界上，所以宇宙是不可能抛弃“更好的心”的。宇宙一定会将那些心怀善念的人们带到更好的地方。

这一生命的真谛，决不能忘却。

始终不忘修炼自己的心灵，就可以得到宇宙的支持，可以活出超乎想象的人生。

我就是一个典型的例子，原本只是一个出生在农村的普通少年。我现在之所以能过着那时候完全无法想象到的生活，一定是因为宇宙在不断支持着我。为了拥有一颗能配得上宇宙支持的心灵，我坚持不懈地耕耘自己的心灵庭园，强烈地希望能让更多人过上更好的人生。

如何将『愿望』转化为现实

比任何人都努力

前面，我一直在阐述愿望的重要性以及孕育这些愿望的美丽心灵。接下来，我将会为大家解释该如何将这些愿望转化为现实。

虽有真理云，“愿望必能转化为现实”，但其中有一个非常重要的先决条件——即一定要拥有非凡的决心，付出非凡的努力，全力以赴朝这个愿望和梦想奋斗，并将其实现。

这种努力，不是浅尝辄止地努力一下就足够的，而必须朝着自己的目标，心无旁骛地付出超乎所有人的努力。

坚持不懈地努力，当然不是什么一朝一夕的易事，其中艰辛可想而知。我们必须首先战胜自我。但一旦坚持下来了，就一定能收获意想不到的结果。

俗语有云，“努力胜过天才”。这个世界上当然存在着天赋异禀的天才，但无论是在学术领域还是实业领域，取得巨大成就的，往往是执着奋斗的人。付出异于常人的努力和持之以恒的坚持，才可能最终取得非凡成就。

面对多大的困难都决不妥协，始终拼命坚持，朝着既定目标不懈努力。这样的力量，一定可以解决所有问题，帮助这个人实现他的目标。

无论工作还是学习，只要不断努力了，还有另外一个很大的益处。因为只要朝着目标全神贯注地努力了，就会自然而然去思考，是否还有更好的方法呢？还有什么办法可以提高效率呢？这样一来，明天比今天好，后天比明天好，每一日都是在打磨新的创意。

我虽然从未把自己当作多有能力的人，但在每天拼命工作的过程中，每天都在思考，还有什么更优质的制造方法吗？还有什么更有效的销售策略吗？就是这些思考，给我的事业带来了前所未有的发展和突破。

我想，正是由于慈悲的神和佛看到了我们不断坚持一丝不苟的奋斗，看到了我们即使遭遇困境也不放弃思考的姿态，才决定赐给我们新的方法和灵感。

前文也有提到，我同时经营着京瓷、KDDI 和日本航空三家企业。这些企业之所以都能经营良好，绝不是什么偶然。毫不讳言，它们只是我这颗为经营而生的心灵本来的模样。

从鹿儿岛大学毕业之后，我开始在京都一家公司上班，当时公司的经营状况日渐式微，甚至到了该发薪水的日子薪水都拿不到。虽然我想马上就辞职，但当时也没有别处可去，无奈之下只好决定做好他们交给我的研究工作——即精细陶瓷的研究开发工作，这在日本是前所未有的。

然而，这家公司的研究室并没有足够的设备和器具。在这种情况下，再考虑到我当时的能力、经验和研究难度，我怎么都看不到成功的可能。但为了让岌岌可危的公司能够起死回生，我内心有一个强烈的念头——无论如何也要研发成功，所以一心扑在这上面。

我甚至把自己做饭用的锅具等都带到研究室，开始在这里自己做饭，自己煮味噌汤，驻扎了下来。我内心抱着“一定要亲手研究出新的精细陶瓷”这个不知天高地厚的念头，每天朝着这个目标不舍昼夜地努力着。

虽然最初并不是自己提出要开始这个研究的，而是公司确定的项目，但我将这个公司布置的任务转化成了“无论如何也要做出来”的念头，迫切地希望用这个将公司和同伴从水深火热中拯救出来。怀着这样的念头，我每天埋头于研究之中，最后终于研究出了日本第一、世界第二新的精密陶瓷材料的合成方法。

创建了京瓷公司之后，我也是在内心怀抱着这样的念头不断拼命努力，开发出新材料，开创了一番全新的事业。现在，京瓷终于成了一个营业额超过一兆五千亿日元的全球化企业。这也是因为我一直抱着“为了员工要把公司建设得更好，建成一个让人骄傲的企业”的念头，并坚持不断地超乎常人地努力而带来的结果。

动机是否出于善念

创立 KDDI 也的确是意念和努力所带来的结果。

距今大约三十年以前，我在对通信完全没有任何了解的情况下，开始挑战当时的电电公社——这个从明治时代以来的超大企业。这是因为当时的电电公社独占日本国内市场，每个人都需要支付高额的通信费用。而我的想法就是尽力让人民少支付一些通信费用，减轻国民经济负担。

当时的京瓷规模尚小，我的举动在所有人看来都无异于异想天开。据说除了我，也有一些其他的人和企业想设法改变电电公社一家独大的现状，但都因为忌惮而有诸多犹疑：“对方可是一家自明治以来把电话线牵进日本千家万户的巨型企业啊，要想跟这样一家企业对着干，无异于以卵击石。”

但我的念头只有一个——“为了日本的将来，为了全国人民，无论如何艰难我都必须降低通信费用”，并且决不动摇。

我用了半年时间反复扪心自问，是否“动机皆善，私心全无”。

具体的问题就是：“你为何想要与电电公社对抗呢？是出于利他之心，即为了他人谋福利，还是出于一己私心，比如想牟利，想壮大京瓷公司，想扬名立万？”

随着日复一日的自问自答，我终于得出了答案：“我的动机是出于善的，不含不纯粹之念想。”

就这样，我用超乎所有人的努力开始发展电器通信事业，然后抱着一颗利他之心心无旁骛地不断努力，过程中也得到了许多有心人的帮助和支持。

自那之后，KDDI 不断发展壮大。现在使用 au 手机的用户数量庞大，KDDI 正在成长为一家营业额近 5 兆日元的巨型企业。

不屈不挠的精神

日本航空的重建工作也是一样。

当接到政府希望我重建日航的要求的时候，我找很多人商量过，但所有人都异口同声："还是放弃吧！"

但最终我还是决定接受这个巨大的项目，因为日本航空的重建工作有三大意义。

第一个意义是，对日本经济整体的影响。我认为像日本航空这样的代表国家形象的企业如果黯然凋敝，不仅仅会对日本经济造成打击，也会让日本国民的自信丧失。反之，如果重建工作顺利，还可以给岌岌可危的日本经济注入巨大活力。

第二个意义是，无论如何我也想要保住这个企业三万两千名员工的工作岗位。

第三个意义是，守护使用飞机的人们的便利性。如果日本航空不复存在，日本的大型航空公司就变得一家独大，市场的竞争原理就不再有效了。如此一来，飞行费用会高涨，而且各种服务质量都有可能降低。

虽然那时我即将满80岁，竟然也因为这番大义而心潮澎湃。

我决定首先从点燃员工们信念的火焰开始，也就是“意识改革”。

我去一线拜访了被形容为“工作手册主义”的日本航空公司的员工，反复告诉他们航空公司属于服务行业，每一个员工都应该致力于提供顾客至上的接待服务。

我决定在这项重建的工作中，不取分文。就这样，我住进了东京的酒店，全力投入到了日本航空的重建工作之中，工作结束得晚就去便利店买一点饭团充饥。

看到我也这么努力，再加上我说过的那些话，越来越多的员工开始转变心态，全身心投入到重建工作之中。通过员工众志成城的努力，日本航空在破产三年之后摇身一变成为世界上收益最可观的航空公司。

一个人的信念和努力，就是一股如此强大、坚不可摧的力量。

无论是京瓷集团、KDDI还是日本航空，都不是从最开始就能看得见成功的可能。这些从最开始都是完全看不到任何成功迹象的事，升华成了一种“无论如何也要为了造福世间其他人而必须达成”的强烈信念，再加之无人能及的努力，才造就了如今的成功。

我在经营这三家公司的过程中，有一些话一直放在心上，并不断跟员工们强调。这是我自己年轻时有幸得知的一段话，是一位叫中村天风的先生说的。

天风先生年轻的时候曾患上十分严重的肺结核病，当他觉得自己命不久矣的时候遇见了一位印度的瑜伽大师，经过一番艰辛的修炼，天风先生了然开悟之后回了国。

回国之后，他心无旁骛地努力，靠一个人的力量建设银行，并让多家企业取得了成功。他在那之后总是积极地向人们宣传生命的重要性。天风先生有一句名言，我一定要在此告诉大家。

新计划的成功之关键在于不屈不挠、一心一意，且须聚精会神，心怀高尚的思想和强烈的愿望。

若想实现自己的信念，必怀抱无论发生何事也决不放弃的决心，付出坚韧不拔的努力。请心无旁骛，只专注于自己想要做的事情上，孜孜不倦地坚信吧！请抱着高尚的、美丽的心灵坚持不懈地坚信下去吧！

天风先生曾说，这才是我们生而为人最重要的事情。

刚刚说到，我开始参与日本航空重建工作的时候，也第一时间把这句话送给了这里的员工们。然后，全部职员高尚而强烈的心愿以及无人能及的努力，汇聚成了巨大的力量，最终让重建工作得以成功。

即使要花费很长的时间，但只要有高尚的思想和不断的付出，信念一定会成为现实。

因此，我希望将来负责建设这个国家和这个世界的孩子们，深刻地认识到这些事情的重要性："愿望一定能实现"，"朝着目标方向进击的强大"，"过程中决不放弃的坚持"，"无人能及的努力"，以及最最重要的强烈的"正念"。

和我母亲教会我的诸多人生道理一样，这是我们必须超越代际去传承的"天理"，是这个世界的"因缘"。

我希望孩子们都能坚信这一点并为之努力。还有那些守护他们的家人们，也一定要守护好孩子们，让他们的信念最终能够实现。我发自内心地期盼，从今以后负责建设世界的孩子们，在未来漫长的人生道路上能够实现自身的信念，度过精彩美好的一生。

最终篇

“母亲”即“神明”

平成六年(1994),我为母校鹿儿岛大学捐赠建设了“稻盛会馆”。这是一座地上三层地下一层的建筑物,由著名建筑家安藤忠雄设计。这个建筑物内刻着我双亲的名字。

我将“稻盛会馆”命名为“纪美·畩市纪念馆”。遗憾的是,会馆竣工时双亲都已经离开这个世界,但他们在世时我跟他们聊起这个建筑设计的时候,他们十分高兴。据说父亲好像还去了好多次建筑工地。

为了养育我们这些后代,父母是很艰辛的,我想尽己所能地回报他们的恩情。但至今我依然不知道自己做得是否足够。

尤其是对于母亲,我深知,无论怎么做都无法完全回报她的养育之恩。

母亲一直用她那比海还深的爱严严实实地包裹着我

这个昔日的“不良少年”。

每当我想起母亲用她那纤细瘦弱的身躯，在战后的动荡期也倔强地守护家人，或者想起小豆粥升起的袅袅热气中母亲的笑脸，我都会情不自禁地轻唤一声“母亲”。

不仅是我，这世间所有的男性，难道不是无论到什么年龄都无法在母亲面前抬起头来吗？

这是因为，母爱实在太过伟大。

世间所有的母亲，当看到孩子生病时，一定会衣不解带地照看在侧，甚至恨不得自己去死来换取孩子的健康。这种爱，不是普通的，不是对谁都能给予的高尚关怀。这是非常极端的，只有面对自己的孩子才会有的，也就是出自本能的爱。

母亲是这个世界上最伟大的存在。

即使是一位普通的缺乏教养的母亲，在孩子心里也是值得尊敬的，因为这样的母亲对于自己孩子的爱和温柔真的非常深沉。

最近，我有时候会想，或许现在自己口中呼唤的“妈妈”，是指妻子。

我是第一次写到这些。过了75岁以后，我开始发现，我的妻子是一位非常优秀的妻子。她优秀到让我忍不住双手合十，想要向她躬腰敬礼。

当然，年轻的时候我们总是互相说一些争强好胜的话，但如今我发自肺腑地认为她的确是一位很棒的妻子。这不是秀恩爱，而是真心这么认为，并发自内心地尊敬她。

现在，我待在家里的时候多了，经常见到妻子。我们夫妇二人之间没有什么特别的话题，但她总是关心在家里游手好闲的我的日常起居，从穿的到吃的照顾得无微不至，而且没有过一次抱怨和牢骚。

我一心专注于忙碌的事业之上，很少待在家里，但妻子帮我把三个女儿养育得非常好。虽然我总说一些冠冕堂皇的话，但事实上记忆中我没有怎么抚养过孩子，全部都是妻子代劳的。

即使在带孩子忙得不可开交的时候，妻子也等着因为工作而晚归的我回家后才睡觉。

从未有一句怨言，也从不问我什么。

妻子事无巨细地操持着整个家，让我觉得如果没有妻子，我可能就活不下去了。

有时，我也会这样想。

我之所以会轻唤“母亲”，当然一方面是在唤母亲纪美，有时也是在叫自己的妻子，同时也是在呼唤“神”。

因为母亲永远都会无条件守护爱护自己的孩子，所以对于孩子来说无论何时都像是神一样的存在。

而且，也许正是因为觉得母亲随时都在天上某处守护着自己，所以会像小时候双手合十向神佛许愿一样，口中念念有词：“母亲，对不起。”“母亲，感谢。”

所谓“母亲”，真的是“神”的同义词。

每个人的生命都是母亲给予的，这么一想，这也许就是理所应当的事了。

所以我现在终于深刻地明白了，“母亲，感谢”就是“神啊，谢谢”的意思，“母亲，对不起”就是“神啊，很抱歉”的意思。

我发自肺腑地感谢直至我到了耄耋之年也一直守护着我的母亲。

——母亲，谢谢。

盛和塾简介

稻盛和夫经营研究中心（又名“盛和塾”）是企业经营者学习、亲身实践稻盛和夫的人生哲学、经营哲学与实学、企业家精神之真髓的平台。盛和塾的塾生相互切蹉、交流，达到事业隆盛与人德和合，成为经济界的中流砥柱、国际社会公认的模范企业家。

1983 年，京都的年轻企业家们向稻盛先生提出了一个愿望“给我们讲解应该如何开展企业经营”。以此为契机，由 25 名经营者组成的学习会启动了。至 2019 年年底，全世界“盛和塾”已发展到 104 个分塾，除日本外，美国、巴西、中国、韩国相继成立了分塾。

2007 年，曹岫云先生在无锡率先发起成立中国大陆第一家盛和塾——无锡盛和塾。

2010 年，稻盛先生亲自提议成立稻盛和夫（北京）管理顾问有限公司（以下简称“北京公司”），作为总部负责中国盛和塾的运营。至今，31 家地方盛和塾、3 家筹备处先后成立。

北京公司成立之初，稻盛先生即决定在中国召开塾长例会，即稻盛和夫经营哲学报告会，后更名为盛和塾企业经营报告会。2010 年至今，13 届盛和塾企业经营报告会先后举办。盛和塾企业经营报告会已成为一年一度企业经营者学习、交流稻盛经营学的盛会。

2019 年年底，稻盛先生宣布关闭世界范围内的多家盛和塾，仅保留中国大陆的盛和塾继续运营。

盛和塾成立三十多年来，不仅会员人数不断增加，学习质量也不断提高，其中有 100 多位塾生，他们的企业已先后上市。这么多的企业家，这么长的时间内，追随稻盛和夫这个人，把他作为自己经营和人生的楷模，这一现象，古今中外，十分罕见。

盛和塾的使命：帮助企业家提高心性、拓展经营，实现员工物质与精神两方面的幸福，促进人类社会进步发展。

盛和塾的价值观：努力、谦虚、反省、感恩、利他、乐观。